慶應義塾大学 最終講義

日本経済と私とSFC

これまでの歩みとメッセージ

岡部光明

慶應義塾大学出版会

私の慶應義塾大学湘南藤沢キャンパス（ＳＦＣ）における14年間の在職中、様々なかたちでともに学ぶ機会を持つことができた学生の皆さん、私を支え励ましてくださった同僚教員の皆さん、事務スタッフの皆さん，そして長年にわたってご厚誼を下さった学内外の研究者の皆さん、そのほか色々なかたちで私を支援して下さった皆さん、ありがとうございました。この小冊子をつつしんで皆様に献呈いたします。

目 次

「日本経済と私とＳＦＣ——これまでの歩みとメッセージ——」
　　　　　　　　　　　　　　　（慶應義塾大学最終講義）　 1

付１　「When I was young」
　　　（『ＳＦＣレビュー』掲載のインタビュー記事）　　 91

付２　「岡部研究会の14年間」
　　　（岡部研究会第４回卒業生同窓会でのあいさつ）　　 97

付３　経歴　　　　　　　　　　　　　　　　　　　　　113

付４　兼職（1994年-2007年）　　　　　　　　　　　　 115

付５　著作物（1994年-2007年）　　　　　　　　　　　 117

あとがき　　　　　　　　　　　　　　　　　　　　　　125

日本経済と私とSFC
これまでの歩みとメッセージ

慶應義塾大学における最終講義

2007年7月4日

湘南藤沢キャンパス Ω11大教室

　香川（敏幸）先生、ご紹介と本日の講義についての趣旨のご説明、ありがとうございました。

　「マクロ経済1」を履修中の皆さん、おはようございます。また岡部研究会の皆さん、SFC学部学生の皆さん、大学院生の皆さん、SFC事務スタッフの皆さん、そして久しぶりにお目にかかる私の友人や岡部研究会卒業生の皆さん、おはようございます。さらに総合政策学部前学部長の小島（朋之）先生をはじめ、同僚教員の皆さん、おはようございます。

　本日は朝、第1限目にもかかわらず、私のSFC最終講義ということでこのように多くの方々にご参集いただき、まことに光栄に思うとともに、深く感謝しております。実は、多くの同僚教員の皆さんを前にして何かお話をするわけですから、今日の最終講義はあたかも私の卒業試験であるかのような心境になっています。大学院生諸君が最終口頭試験の際に直面する極度の緊張ぶりがよく分かる気がいたします。

　SFCでは、最終講義が必ずしも慣例化しているわけでなく、また

それが行われる場合のフォーマット（形式）に標準型があるわけでもありません。そこで本日は「日本経済と私とSFC──これまでの歩みとメッセージ──」と称して、二つのこと（それは不可分一体ですが）をお話してみたいと思います。

　一つは、私が大学を卒業して今日に至るまで、SFCでの職責を含めた約40年間の職業生活全体を振り返ることです。もう一つは、そうした体験からいえること、あるいは僭越ですが学生諸君ならびにSFCに対して言いたいことを自由に言わせていただくことです。

講義の目次

　さて、まず第1番目のテーマについては、このスライドをご覧ください（資料1）。このなじみ深い1枚の紙切れが私の人生を表わしています。

　といっても、この紙切れをこれまでにたくさん集めて物質的に豊かな生活をエンジョイできたことが私の人生であった、ということを主

資料１　これが私の人生！

日本銀行　⇒　福沢諭吉（慶應義塾）

張したいわけではありません。この図柄をよくみていただくと、左側に「日本銀行」という記載があり、また右側の人物像には「福澤諭吉」と表示されています。福澤諭吉はいうまでもなく慶應義塾の創設者です。つまり日本銀行と慶應義塾、この二つの組織が私の人生における主たる職場であり、したがってこの二つの組織がまさに私の人生を要約しているわけです。また、左から右へ読めば「日本銀行から慶應義塾へ」という職場の移り変わりも示しています。誰でも知っているこの紙切れ１枚によって自分の人生の推移を要約できるという人はこの世の中にきわめて稀であり、その点、私は自分の人生について何と幸せな表現ができることかと、ありがたく思っています。

　こうした私の職業経験をより具体的に示すと、次の図のようになります（資料２）。まず1968年（昭和43年３月）に東京大学（経済学部）を卒業し、直ちに日本銀行に入りました。そこで21年間勤務したあと、米国プリンストン大学等の教壇に５年間立ちました。そして1994年にＳＦＣに着任し今年が14年目になります。このＳＦＣでの14年間には、当然のことながら、日銀時代の経験と海外の大学での経験

資料2　私の職業経験（これまでの40年）

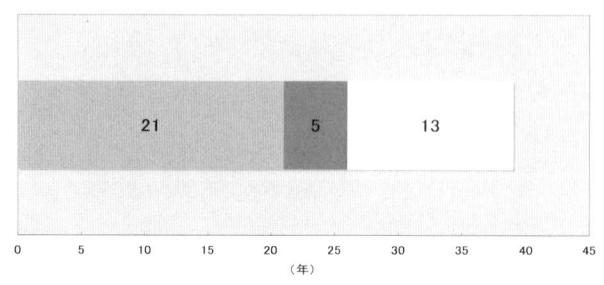

■ 日本銀行　　■ 米プリンストン大学等　　　SFC

目次

1. 40年間における日本経済の風景変化
2. 日本銀行での勤務：日銀の役割と私の仕事
3. 米国・豪州の三大学における教職経験
4. SFCへの着任、これまでの職務遂行
5. 結論とメッセージ

が強く流れ込み、それによって私は大きな影響を受けています。

　そこで本日は、画面（目次）にあるように、第一に、私の経験全体のバックグラウンドを明確にしておくという意味で、過去40年間における日本経済の風景（landscape）の変化を概観します。第二に、日本銀行での勤務状況をお話します。そこでは、日銀の役割を説明する

とともに、私が担当した仕事とその性質につきやや具体的に述べたいと思います。第三に、米国および豪州における合計三つの大学における私の教職経験がどのようなものであったかをまとめます。以上が本日の講義の前半部分です。後半として第四に、SFCへの着任とその後の私の職務遂行状況を多面的に振り返ってみます。そして最後として第五に、以上全体の結論とそこから導き出されるメッセージをお話することにします。

1. 40年間における日本経済の風景変化

風景変化の様相と帰結

まず第1番目のテーマである日本経済の大きな変化については、スライド（資料3）をご覧ください。この図は、日本経済が過去40年間にどのような推移を示したかを大づかみに表現したものです。

すなわち、マクロ経済を把握する二つの代表的指標である「経済

資料3　経済成長率とインフレ率

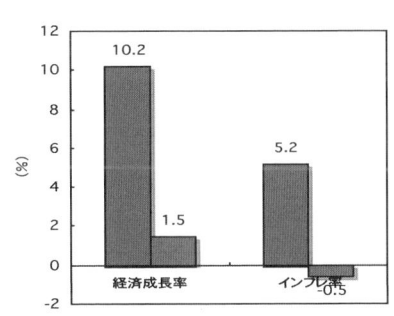

■高度成長期（1966-70年）　■最近（2001-05年）

（注）データは内閣府「平成18年度年次経済財政報告」巻末所収の長期経済統計による。

成長率」と「インフレ率」の二つに注目し、それぞれが高度成長期（1966年-70年）および最近時点（2001年-05年）でどのような値を記録したかを表わしています。まず、経済成長率は、かつての年平均10.2%から近年の1.5%へと大幅な低下を示しています。一方、インフレ率も同様に5.2%から-0.5%へと様変わりの状況となっており、近年はインフレというよりも緩やかなデフレに陥っています。この二つの指標を見ただけでも、日本経済はこの40年間にいかにドラスティック（劇的）に様相が変わったかが一目瞭然です。

次に、そうした大変化がどのような帰結をもたらしたのかをやや具体的にみましょう（資料4）。まず国内面では、国民の豊かさを示す一つの指標である「一世帯あたり自動車保有台数」をみると、高度成長期にはそれが0.2台、つまり自動車を保有していたのは5軒に1軒しかありませんでしたが、最近は1.4台、つまり1軒あたり1.4台も保有するようになっています。この40年間に、国内的には明らかに豊かさを実現した、といえます。

資料4　その国内的帰結、国際的帰結

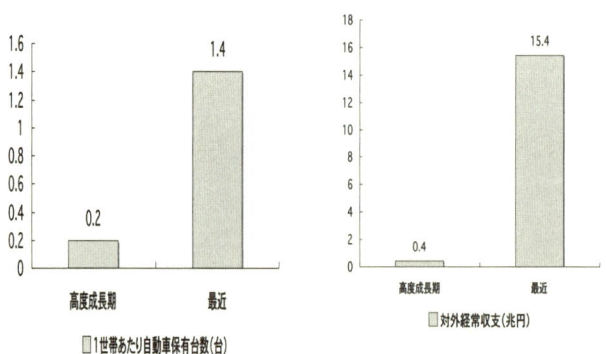

（注）データ出所は前図と同じ。

次に国際面では、日本の対外経常収支がかつては年平均0.4兆円の黒字でしたが、最近では年平均15.4兆円の黒字と実に黒字幅が40倍にもなっています。これは、日本企業および日本経済の国際競争力の強化によるものであり、日本が輸出大国になっていることを示しています。

大変化の背後にある要因

このような大変化はなぜ生じたのでしょうか。とくに重要な要因として三点指摘することができると思います（資料5）。

第一は、1973年の第一次石油危機です。この時には原油価格が一夜にして何と4倍に跳ね上がりました。その結果、日本の産油国に対する原油支払い代金が急増し日本の所得が産油国に吸い取られる一方、原油の量的確保にも支障がでるようになりました。これを大きな契機として日本の高度成長は終焉することになりました。第一次石油危機

資料5　大変化の背後にある要因

・第1次石油危機：原油価格4倍　⇒高度成長の終焉
　（1973年）

・円相場上昇：1ドル360円→120円⇒産業構造高度化
　（1971年-2007年）

・資産価格上昇：株価が5倍に　⇒バブル好況と崩落
　（1980年-1990年）

が発生した時、私は日銀の調査局で国内経済の調査を担当していました。予想していなかった原油情勢の急変が日本経済にどのような影響を与えるかにつき、産業連関表などを使いつつ連日徹夜に近い状況で日本経済の将来予測の作業をしたことを思い出します。

　第二は、円相場の大幅上昇です。1971年当時１ドル＝360円でしたが、2007年には１ドル＝120円と３倍にもなったことです。円の対外価値（ないし購買力）がこのように上昇することは、日本の消費者からみれば望ましいことです。しかし他方、円高化は日本製品が海外において割高化することを意味しているので、日本の輸出産業は大打撃を受け、日本の景気を直接冷え込ませる効果を持っています。円相場変動の影響はこのように多面的であり、かつどの程度の時間的スパンをもって判断するか難しい面があります。

　達観すれば、日本企業は円高化の場面ごとに血のにじむような努力を行うことによって情勢を乗り越え、その結果、産業構造の高度化そして前述した国際競争力の強化と日本の対外収支黒字をもたらしている、ということができます。日銀調査局に勤務していた時には、波状的かつ継続的にみられたこのような円高化が景気や産業構造変化にどのような影響を与えるのかなど、各種の調査を担当しました。

　第三は、資産価格つまり地価や株価の大幅上昇です。株価をみると、1980年から1990年の10年間で実に５倍にもなりました。それに伴い1980年代後半にはバブル好況（ユーフォリア）を経験しましたが、1990年代に入るとバブルの崩落とそれに伴う長期不況に陥り、先ほどみたとおり経済成長率、物価上昇率とも従来に例を見ない低水準に落ち込んだわけです。バブル期には日本企業の海外進出と海外不動産の買いあさりが顕著となり、このため「なぜ日本経済はそのように活気

づくことができるのか、経済システムの秘密は何なのか」についての関心が国際的に高まりました。私が米国や豪州の大学で日本経済論の講義を担当する巡り合わせになったのも、そのような情勢を反映しています。

以上みたような大きな変化が日本経済に生じるなかで、私は日本銀行の一職員として21年間勤務したわけです。そこで次に、私の日銀時代を振り返ってみます。

2．日本銀行での勤務：日銀の役割と私の仕事遍歴

まずこの写真（資料6）をご覧ください。これは、東京日本橋にある日本銀行の本店を正面からみたものです。前景の重厚な建物が旧館であり、その後ろに位置している白いビルが新館です。両建物の内部はつながっており、内部空間は完全に一体化しています。旧館は明治29年に建築されました。この建物は、東京駅などを設計した明治時代の有名な建築家である辰野金吾博士によって設計されたものであり、

資料6　日本銀行 本店

勤務は、広島支店、官庁（経済企画庁）出向、ロンドン事務所、本店（東京）。

現在は重要文化財に指定されています。

　この日銀において私は21年間勤務しました。入行当初には広島支店に配属され、また官庁（経済企画庁）への出向、ロンドン事務所での勤務などもありましたが、在職時期の大半はこの本店内における勤務でした。そのなかで最も長かったのが調査統計局および金融研究所という経済の調査および研究を担当する部署でした。

　前者の調査統計局は新館にあり、後者の金融研究所は旧館に位置していました。とくに日銀時代の最後は金融研究所に在籍しましたが、その中で研究第一課というセクションは画面左側の旧館2階の手前に窓がみえる独立した部屋に配置されており、その課長として約30名のスタッフを統括する任務を務めました。つまり、毎日の仕事を何と重要文化財の建物のなかで遂行するというユニークな経験を3年間することができたわけです。

日本銀行の機能

　次に、日本銀行とはそもそも何なのかをお話しするとともに、そのなかで私の職務の遍歴を位置づけてみたいと思います。そのため、やや固い話になりますが、まず日本銀行の機能を整理してみます（資料7）。

　日本銀行は日本の「中央銀行」です。中央銀行とは、一国において唯一、現金の発行を認められた機関のことです。ここで現金とは、法律用語でいえば法定通貨（legal tender）、経済学の用語でいえばハイパワードマネー（high-powered money）のことであり、日常用語でいえば紙幣（中央銀行券）を指しています。より一般的にいえば、中央銀行はこの現金をはじめそれを含む「通貨」つまり「おかね」全

> **資料7　日本銀行の機能**
>
> ・日本銀行は日本の「中央銀行」。中央銀行は一国で唯一、現金(法定通貨、ハイパワードマネー)の発行を認められた機関。
> ・一国の経済取引が円滑に進むうえではおかね(通貨)への信頼とその適切な供給が不可欠。ちょうど、人間の体をめぐる血液が人体にもつ役割と同じ、、、

体[1]について責任をもつ組織です。

　一国の経済取引が円滑に進むためには、おかね（通貨）への信頼とその適切な供給が不可欠の条件といえます。つまり通貨は、あたかも人間の身体を巡る血液が人体に対して持つ役割と同様の機能を持つわけです。そして、通貨にせよ血液にせよ、それを適切に循環させるには一つの確立したシステムが必要になります。そうしたシステムの要点は三つにまとめることが可能です（資料8）。

　第一に、血液をからだ全体（通貨の場合は一国の経済活動）の隅々まで行き渡らせる必要があることです。通貨の場合、これは「信頼できる通貨の供給」ということができます。第二に、血液の適切な量と質が健康維持にとって大切であること、つまり血圧が高すぎたり血球の過不足の状態は病気のもとになることです。通貨の場合、これは「適正量の通貨供給」ということができ、そのための施策が金融政策とよばれています。そして第三に、血液を送りだすポンプ（心臓）と

> **資料8　日本銀行の機能（続き）**
>
> (A) 血液をからだ全体（一国の経済活動）のすみずみまで行き渡らせる必要
>   ⇒ 信頼できる通貨の供給
>
> (B) 適切な量と質が健康維持にとって大切（高血圧や血球の過不足は病気のもと）
>   ⇒ 適正量の通貨の供給［金融政策］
>
> (C) 送り出すポンプ（心臓＝日本銀行）と血管（＝民間銀行）がつねに正常に機能することが前提
>   ⇒ 決済（銀行）システム全体の安全性維持［信用秩序政策］

血管が常に正常に機能することが前提になっていることです。通貨の場合、それを送りだすポンプは日本銀行であり、通貨を国民の手に行き渡らせるうえでちょうど血管と同じ働きをしているのが民間銀行です。つまり、通貨がその機能を円滑に果たすうえでは、民間銀行全体から構成される一つの大きなシステム（これを決済システムとよびます）が安定し信頼されていることが必要になります。この条件は「決済システムの安定」ということができ、そのための各種施策が信用秩序維持政策、決済システム安定化政策、あるいはプルーデンシャル政策（prudential policy）と称されています。

　以上のように、日銀は、（A）信頼できる通貨の供給、（B）適正量の通貨の供給、（C）決済システムの安定化、という三つの大きな機能を果たすことをその任務としています。換言すれば、国民が信頼して使える現金通貨（つまり偽造されない通貨、価値が安定し安心して使える通貨）を供給するという国民にとって日常的になじみ深い機能

を基本としてまず持っています。そして、それを達成するために金融政策および信用秩序維持政策という抽象的ないしマクロ経済的な政策を遂行している、ということができます。一般に、どの国においてもこうした三つの機能を果たす組織として中央銀行が設立されているわけです。

中央銀行のユニークさ：組織面および機能遂行面

こうした機能を果たすために存在する中央銀行は、たいへんユニークな側面を数多く持っているのが大きな特徴です（資料9）。

まず、中央銀行は政府それ自体ではありません。政府から独立した一つの組織であり「法人」です。また当然、民間銀行でもありません[2]。それは、もっぱら民間銀行を相手に取引（＝商売）を通じて公共政策を遂行する公的機関である、ということができます。そして、政府が公的機能を果たす場合には規制や命令ないし法的強制力をもと

資料9　中央銀行のユニークさ：組織・機能

・中央銀行は政府ではない（政府から独立）。民間銀行でもない。民間銀行を相手に取引(=商売)を通じて公共政策を遂行する公的機関。

・中央銀行が機能を適切に発揮するには、高度の専門知識と判断力が不可欠。

・Scienceが当然必要であるほか、Scienceプラス「アルファ」が必要。中央銀行の政策運営は "Art" of central banking と称されるゆえん。

にする場合が多いのに対して、中央銀行の場合は金融市場において民間銀行と商業ベースの取引を行うことを通じて公的機能を果たす、という点で大きな違いがあります。公的機能を果たす場合、それをどのように遂行するかの面でも中央銀行はこのようにユニークな面を持つわけです。

　そして、中央銀行がその機能を適切に発揮するには、高度の専門的知識と判断力が不可欠になります。中央銀行と中央銀行のスタッフは、金融についてのプロフェッショナル中のプロフェッショナルであることが求められているわけです。私が日銀に魅力を感じ、ここに就職することにした最大の理由はこの点にあります。すなわち、大学4年生の時、私は金融を長期的に深く研究したいと考えていましたが、金融の現実に疎い学者ではなく金融の実体にも通じた研究者になりたいという希望を持っており、そして日銀ではそれが可能なはずである、と考えたからでした。これは正しい判断であったと考えています。

　こうした日本銀行の業務運営ないし政策運営においては、当然、社会科学的な各種分析や手法（サイエンス）が必要であり、それらに大きく依存しています。しかし、実はそれだけでは不十分です。中央銀行の政策運営においては、サイエンス、プラス、アルファ（＋α）が必要となるのです[3]。このため、中央銀行の政策運営は、単にサイエンスではなくアート（技芸）という面も併せ持っており、このため"Art of central banking"と称されることがあります[4]。

　以上のように整理すると、私の職務経験は、もっぱら前述したB（＝通貨の適正供給量の算定ならびに判断そして政策企画）に関する仕事であり、それを様々なレベルで行ってきた、ということができます（資料10）。

> **資料10　日銀における私の職務経験**
>
> ■私の職務経験は、もっぱら前述の B（＝通貨の適正供給量の算定ならびに判断と政策企画）に関する仕事：
>
> ・経済動向の調査/分析/予測　　－広島支店/調査統計局
> ・金融政策の企画/立案　　　　　－企画局
> ・経済・金融に関する基礎的研究　－金融研究所
> ・海外中央銀行等との業務連携　　－ロンドン事務所

　すなわち、経済動向の調査・分析・予測といった基本的な作業は、広島支店および調査統計局で担当しました。そして、そこでなされる経済情勢の判断をもとにした金融政策の企画および立案という作業は、企画局に在籍した時の任務でした。また、そうした経済ないし金融に関する判断や政策運営をより深く基礎的な視点から研究することも日銀では重視しています。私の金融研究所の時代は、そうした意味で学界（academic circle）と政策の接点に位置する仕事をしたわけです。一方、金融政策の運営においては、海外諸国の経済および政策動向も十分念頭におく必要があります。このため日銀は海外主要国の金融センターに事務所を設けており、私の場合、英国ロンドン事務所において、海外中央銀行（イングランド銀行等）や国際機関（スイスのバーゼル所在の国際決済銀行）との間で各種業務を連携する仕事に携わりました。

広島支店の時代、そして米国留学

　以上総論的にお話しましたが、より具体的に私が日銀において何をしたかを次に述べてみます。この写真（資料11）は、入行後3年間在勤した広島支店時代のものです。広島近辺には、大小様々な規模の造船所が非常に集中して存在しており、そのうちの一つ（日立造船）を上司（右側）と二人で訪問調査したときの様子です。この時には、造船所の責任者から船舶の受注動向や船台の稼働状況など、網羅的に色々聴取しました。

　このように日銀の支店では、現地企業ないし大手企業の出先工場と常時密接な関係を維持し、その企業ないし業界全体としての受注、生産、設備投資、資金繰り、雇用などの動向を克明に調査しています。例えていえば、アンテナを高く張って景気動向の変化を敏感にキャッチするという仕事です。といえば格好がよいのですが、実態的には企業や当該企業が所属する業種の動向を汗を拭きつつ地べたを這って

資料11　広島支店の時代（1）

上司（右）と二人で造船所の
稼働状況を調査中。

情報を集め、景気動向を判断するという作業です。日銀はこのようなミクロ的な経済動向調査をことさら重視しており、それを政策運営の一つの基礎としています。このため、日銀の景気判断は各種政府機関（例えば財務省）の調査よりも実地に裏付けられている面が大きいように思います。

次の写真（資料12）は、経済調査とは無関係です！　向かって右側に捕虫網（ネット）を持って立っているのが私です。支店勤務の時代には、このような野外生活もエンジョイしました。ちなみに、私は現在でも、蝶々を研究する学会である日本鱗翅学会の会員です。

広島で3年間勤めたあとは、幸いにも米国ペンシルバニア大学のウォートンスクール大学院（ビジネススクール）に2年間、日銀から派遣留学させてもらえる機会が与えられました。この写真（資料13）は、この大学で2年間勉強したあと卒業式でMBA（経営学修士）を与えられたときのものです。1973年のことです。この写真にある校舎の名

資料12　広島支店の時代（2）

――これは経済調査と無関係（蝶の採集と研究）。支店ではこうした生活もエンジョイ。

資料13　米ペンシルバニア大学(ウオートンスクール大学院)への派遣留学

称を表示したプレートをよく見ていただくと「ペンシルバニア大学——ベンジャミン・フランクリンによって創設——」という記載があることからも分かるように、ペンシルバニア大学は米国が英国から独立する前に創設され、すでに250年以上を経過している伝統ある大学です。そしてウオートンスクールは世界でも屈指のビジネススクールだと評価されています[5]。

　この卒業式から16年後、全く意外なことが起こりました。というのは、このウオートンの教壇に立つため、1989年に私がここに帰って来ることになったのです。そのようなことが将来あろうとは、当時全く夢にも思っていませんでした。しかし、後述するように、ここで1年間「日本経済論」の講義や関連セミナーを担当する機会が私に与えられることになったのです。人生には何が起こるか分からないことをつくづく実感しています。

調査研究活動の内容

さて、留学から帰国したあとは、本店内（調査統計局および金融研究所）あるいは出向先（経済企画庁）において、いよいよ本格的かつ長期にわたる調査および研究活動をすることになりました。そうした調査および研究活動がどのようなものかを整理すると、三つの側面があるといえます（資料14）。

第一は「ミクロ経済」の動向調査です。これはもっぱら企業動向の実態調査を意味しており、そのために各種計数調査（例えば「短観」と称される企業に対するアンケート調査）を実施するほか、とくに経営者に直接面談して景気動向を把握することが重視されています。すでに述べたとおり支店でも同様の調査を行っていますが、本店ではより組織的、網羅的にこれを行っています。

第二は「マクロ経済」の動向調査です。すなわち、多様な経済統計の克明な分析、経済変動理論を応用した景気分析、それらを踏まえた

資料14　本店における調査・研究活動

（1）ミクロ経済の動向調査
　　　－企業動向の実態調査、経営者への面談
（2）マクロ経済の動向調査
　　　－統計分析、理論化、モデルによる予測
（3）理論的研究
　　　－国内外学会との密接な関係維持、先端
　　　　動向の把握

景気の現状判断、さらにはマクロ経済モデルによる将来予測など、多様なデータや手法を用いて経済情勢を判断する作業です。これは金融政策の運営にとって最も直接的に関連する調査活動です。そうした活動とその結果の多くは外部に公表されますが（例えば月例経済報告）、政策判断を的確に行うために日銀内部だけで活用される資料も少なくありません。例えば、経済成長率やインフレ率の将来予測、あるいは条件変化に伴うシミュレーションなども作成しますが、それらはマル秘扱いの内部資料です。

そして第三は、経済あるいは金融に関する「理論的研究」です。ほんとうに適切な政策を実施してゆくためには、経済変動あるいは金融メカニズムについての理解が理論的にみても、制度的にみても、あるいは歴史的にみても確固たる基礎があるものとなっている必要があります。このため、日銀では国内外の学界や研究者と密接な関係を維持する一方、研究の先端を常に追跡し、それを経済情勢ないし先行きの判断の基礎に据える方針を取っています。

私自身、以上の三つの側面を色々な部署および場面で経験してきましたが、そのうち第二の面（マクロ経済調査）、および第三の面（理論的研究）の例をそれぞれ一つずつお見せしておきましょう。

このスライド（資料15）の左右二つの図は、在庫変動と景気循環の関係を示したものです。このうち、左側の図はそれを理念的に示した図であり、調査局が刊行している『調査月報』の1974年10月号の巻頭論文の中に掲載されたものです。当時日銀が発表する調査論文はすべて匿名でしたが、実はこの論文は私が経済調査論文として初めて書いたものであり（その意味で個人的にたいへん思い出深い論文であり）、それを日銀として公表したものです。

資料15　在庫変動と景気循環の関係を示す理念図（1974年の論文とその後）

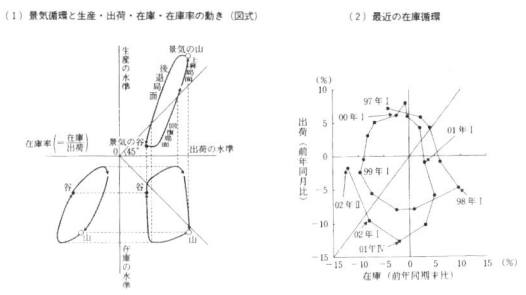

（出典）岡部光明『経済予測』（2003年）。(1)の原資料は日本銀行「調査月報」1974年10月号、(2)の原資料は内閣府「平成14年度 財政金融白書」。

　在庫投資は、この授業（マクロ経済１）でもかつて皆さんにお話ししたとおり、金額的規模が小さいものの景気変動の引き金役（トリガー）を演じる点でその動向はたいへん重要です。この図は、そうした役割をもつ在庫を生産や出荷の動向と関連づけて景気循環の典型的なパターンを理念的に示したものです。それまでは、こうした示し方は全くなされていませんでした。

　しかしその後、在庫循環についてこの図で提示したような理解と表現は、広く用いられるようになりました。その一例を示したのが右側の図です。これは、左側の図が発表されてから約25年後に刊行された政府の公式経済分析である『平成14年度経済財政白書』に掲載されている図です。これは左側の図の第４象限だけ取り出し、関連統計（鉱工業指数）を当てはめることにより、在庫循環の観点から当時の景気循環局面の成熟度を判断するために描かれた図です。自分がかつて提示した図が現在このように一般的に用いられているようになったのは、

とてもうれしいことです。

　もう一つの例として、経済の理論的研究に関する一つの出来事を次の写真（資料16）でお見せします。これはフランスにおける「マクロ経済学国際セミナー」に私が参加したときの写真であり、1985年のものです。金融研究所に在籍した時期には、金融研究所として国際会議を主催することが少なくない一方、各種の国際会議にも頻繁に出席しました。この写真が示す国際会議では、私は日本の金融政策について発表しました。写真はその会議後に催された夕食会の風景です。

　この会議での議論は、正直なところ余り記憶に残っていません。しかし、二つだけ忘れられないことがあります。一つは、この夕食会で出された料理とワインが絶品であったことです。もう一つは、この写真を撮ってもらったことです。中央にいるのがジョゼフ・スティグリッツ教授（当時カリフォルニア大学教授）です。なぜこの写真を撮ることになったかといえば、私の隣に座っていた経済学者（その後たい

資料16　フランスにおける「マクロ経済学国際セミナー」（1985年）

―中央にいるのが ジョゼフ・スティグリッツ教授（カリフォルニア大学、当時）。

へん懇意になった豪州のマックス・コーデン教授）が私にこうささやいてくれたからです。その方いわく「あそこにいるヒゲをはやした学者は近い将来きっとノーベル賞を受賞するから、一緒に写真を撮っておくと良いと思うよ」と。そして早速この写真を撮ってくれました。事実、その予想どおり、この会議から6年後の2001年にスティグリッツ教授はノーベル経済学賞を受賞しました。そしてこの写真が良い記念写真になったというわけです。

　ところで、日銀は経済の動向や金融についてどうみているのか、を世間に説明する責任を負っています。このため、調査および研究担当者として各種の講演をする機会が当時は少なくありませんでした。講演は仕事の一環だったわけです。次の写真（資料17）は、民間銀行の団体である銀行協会が主催した研修会（泊まりがけの研修会でした）において、民間銀行のスタッフに対して私が講師を務めた時、その講師ぶりを示しています。

資料17　経済動向や金融についての各種演：
　　　　調査および研究担当者の仕事の一環

そして、1978年から2年間は海外勤務となりました。場所は日銀のロンドン事務所です。ロンドンでは、その金融市場および外国為替市場の動向をフォローするとともに、英蘭（イングランド）銀行や国際機関を相手とする仕事に従事しました。この写真（資料18）はロンド

資料18　日本銀行ロンドン事務所での勤務：
　　　　英蘭銀行や国際機関が相手

資料19　日本銀行ロンドン事務所のビル：
　　　　入口で秘書とたたずむ

ン事務所の入り口のドアであり、この中で2年間仕事をしたわけです。次の写真（資料19）は、ロンドン事務所が入居していたビル（左側に円形の日銀マークがついています）の入口で秘書とたたずんでいるところです。

日銀の仕事から得た教訓

　以上、20年以上にわたる私の日本銀行における調査、研究、そして政策企画に関する職務遍歴をお話しました。この経験から得た教訓は数えきれないくらい多数ありますが、ここではそのうち二つだけを挙げておきたいと思います（資料20）。

　第一に、正しい理解は多面的かつ総合的な把握によって可能となる、ということです。経済動向を判断する場合には、ミクロ的側面とマクロ的側面、実体経済と金融、国内経済と国際経済、理論と実証、制度と理論メカニズム、現状判断と将来予測、歴史的視点と現状分析、と

資料20　日本銀行における調査・研究・政策企画から得た教訓

（1）正しい理解は多面的かつ総合的な把握によって可能となる
　　－ミクロとマクロ、実体経済と金融、国内と国際、理論と実証、制度と理論メカニズム、現状と将来予測、歴史と現状
　　［総合的視点の重要性］

（2）研究は政策含意を含むことによって価値が格段に高まる
　　－単なる研究と政策指向型研究では、有用性に大差
　　［政策含意導出の重要性］

　⇒　上記二つは「総合政策学」の理念そのもの。

いった多方面から、そしてそれらを総合的に把握することが大切です。これは「総合的視点の重要性」ということができます。例えば、経済の現状を的確に判断しようとする場合、単に現状をこと細かく分析するだけでなく将来を予測する作業をも行うことによって現状がより深く理解できるようになるわけです。

　第二に、社会科学の研究は政策含意を含むことによって価値が格段に高まる、ということです。単なる研究と政策指向型研究では、有用性に大差があります。新しい知見がえられた、こういう結果になった、というだけでは十分ではありません。だから何を意味しているのか（so what?）、どうすべきか、ということにまで言及する必要があります。これは、研究における「政策含意導出の重要性」ということができます。研究結果が政策行動ないし何らかのアクションにつながっていることの大切さ、逆にいえばそれがない研究は価値が半減すること、を私は日銀でたたき込まれたわけです。

　上記二つのことは、考えてみると「総合政策学」の理念そのものです。この二つの重要性を私は日銀時代に身体で覚えてきたため、ＳＦＣ総合政策学部へのお誘いがあったとき、これこそ私の経験が活かせる場所だ、と即座に確信するとともに何とありがたい機会が与えられたのだろうか、と思った次第です。

3．米国および豪州の三大学における教職経験

　日銀における調査および研究の仕事を約20年間行うことによって、経済を大きな視点から理解することが自分なりにできるようになり、また金融政策をはじめ経済政策のあり方についても判断力がついてきたように感じました。さらに、研究組織の運営の仕方についても研究

第一課長として経験を積んできていました。

　このような状況にあった1990年の夏、たまたま米国のペンシルバニア大学に招聘され、そこで日本経済論の講義をすることが急きょ決定しました。このきっかけは、全く予想していないことによるものでした。すなわち、当時からペンシルバニア大学には日本経済論（Economics of Japan）という学部上級生用の授業が設けられており、それまで岩井克人氏（東大教授）、奥野正寛氏（東大教授）、鈴村興太郎氏（一橋大学教授）らが客員教授としてこの授業を担当していました。

　しかし、この年（1990年）には、新学期（秋学期）を間近に控えていたにもかかわらず色々な事情から担当教員を決定できないままの状況にありました。そこで日本銀行に誰かこの授業を担当できるスタッフはいないかという打診が同大学からあり、結局、私が派遣されて講義をすることになったわけです。

　この講義はもともと1年間だけの予定でしたが、この時から結果的には約5年間、従来の仕事とは異なり、私は米国とオーストラリアの合計三つの大学において教職経験をすることになりました。

　私が教壇に立った三つの大学とは、米国のペンシルバニア大学（University of Pennsylvania）、米国のプリンストン大学（Princeton University）、そしてオーストラリアのマックオーリー大学（Macquarie University）です。そこで次に、これら三つの大学の概要、そしてそれぞれの大学で私が何をしたかを述べることにします。

米国ペンシルバニア大学

　ペンシルバニア大学は、米国東部の古都フィラデルフィアにある大

学であり、いわゆるアイビーリーグ（Ivy League）に属する8大学[6]の一つです。キャンパスには古い建物がある一方、新しい建築も多く、両者が混在しているのが特徴的です。この写真（資料21）は同大学の由緒ある古い学生寮です。

ここでは、1990年秋学期に経済学部の授業「日本経済論」を講義し、

資料21　米国ペンシルバニア大学

・アイビーリーグ校(8大学)の一つ。
・担当したのは 経済学部授業「日本経済論」および大学院セミナー「日本の経済と金融市場」。

資料22　日本経済論の講義の様子

−当時の日本経済活況の「秘密」に学生は強い関心。

それに続く春学期にウオートンスクール大学院でセミナー「日本の経済と金融市場」を担当しました。次の写真（資料22）は、私が日本経済論の講義をしている様子です。

当時の日本経済は、バブル期のピークにあって著しい活況を呈しており、海外から非常に注目を集めていました。そのように目覚ましく拡大する日本経済の「秘密」はどこにあるのかに関して、米国では一般市民だけでなく学生も強い関心を寄せていました。このため、私が担当した学部授業の受講者は40名にも達しました。また、大学院のセミナー授業は定員が15名であり研究指導を主体とするはずでしたが、授業の教室に行ってみると何とその3倍にも達する受講希望者が詰めかけていました。このため教室を急きょ大教室へ変更せざるを得ないほどでした。

ペンシルバニア大学でのこの一年は、日本経済について曲がりなりにも体系的に講義をする（むろん英語で）という私にとって全く経験のない挑戦でした。毎回の授業のために講義ノートを新たに作る必要があり、それに追われる自転車操業ともいえる日々の連続でした。この結果、最初の1学期に書いた講義ノートは約500枚にも達するなど、非常に苦しい思いをした1年間でした[7]。でも、おかげさまで無事に乗り切ることができました。

米国プリンストン大学

その翌年は、ペンシルバニア大学での1年間の経験をもとにプリンストン大学の教壇に立つ機会が与えられました。プリンストン大学は、写真（資料23）にあるとおり、キャンパスの美しさが米国でも随一です。そして全米の大学の総合ランキングでは、トップの座をハーバー

資料23　米国プリンストン大学

・全米トップの座をハーバード大学と分け合い。
・公共政策大学院のセミナー「戦後日本の経済発展」。

ド大学と分け合っています[8]。ちなみに、この大学の在籍者からノーベル賞受賞者をこれまでに15名出しています。ここから明らかなように、プリンストンは第一級の研究系の大学です。しかし、多くの研究第一主義を採る大学とは異なり、学部教育に最大の重点を置いている点がプリンストンの最大の特徴です。なお、この点は、私自身、数年前に再度プリンストンを訪問し、克明に調査をして詳細な報告書を書いたことがあります[9]。

プリンストンでは、ウッドローウイルソン・スクールという名称の公共政策大学院（Woodrow Wilson School of Public and International Affairs）において研究セミナー「戦後日本の経済発展」を担当しました。ウッドローウイルソン・スクールは、公共部門および国際問題を扱う学際的な学部および大学院であり「問題解決を強調するとともに政策指向型であること」を標榜している点でＳＦＣ総合政策学部に酷似しています。

ところで、プリンストン大学を語る時に忘れてならないのは、筆記試験における宣誓制度（honor system）という仕組みがあることです。スライド（資料24）で示したとおり、これは「すべての筆記試験は学生の正直（honesty）を前提とし教員による試験監督なしで実施する」という驚くべき制度です。100年前に導入されています。つまりプリンストン大学で行われる筆記試験では、教員は試験問題を配布し、その後は自室に帰ります。そして、試験終了時刻になって再び試験教室に戻って解答用紙を回収して持ち帰る、という方法で試験が行われるわけです。この試験において学生は「私はこの試験中に他人に手を貸したり、あるいは他人から手を貸してもらっていないことを私の名誉にかけて誓約します」（つまり不正行為は一切していない）という一文を答案用紙に署名する義務が負わされています。

　この制度は、プリンストン大学の高い精神性を示す高貴な伝統と評価されています。つまり、社会のリーダーになる者は、誠実性、正直

資料24　筆記試験における宣誓制度（Honor system）

- 全ての筆記試験は学生の正直を前提とし、教員の試験監督なしで実施する制度。
- 学生は答案に「この試験は正直に受験したことを自分の名誉にかけて誓う」との文言を署名する義務。
- この制度はプリンストン大学の高い精神性を示す高貴な伝統と評価されている。

資料25　大学院生のタームペーパーを指導中

さが不可欠の条件であると大学自身が明確に表明し、それを教える仕組みとしてこの制度が存在しているわけです。実にすばらしい理念と仕組みだと思います。

　プリンストンでは、幸いにもとてもすばらしい研究室を与えられました。この写真（資料25）のとおりです。ここで私が相手をしている学生は社会人学生であり、彼のタームペーパー（学期論文）について議論しているところです。彼はある法科大学院で法学博士号を取得後実務に就いていましたが、さらに勉強したいということでプリンストンの公共政策大学院に入学した人であり、私の授業ぶりに対してコメントをくれることがよくありました。とくに私が（1）講義では毎回その目次を黒板にきちんと書いて示すこと、（2）基本的概念や用語は必ず定義すること、（3）黒板を隅々まで十分に活用して講義をすること（板書中心主義）、を実行しているのはとても良いことだ、そしてその結果、たいへん分かりやすい講義になっている、と評価して

くれました。こうしたコメントによって私は大いに勇気づけられました。SFCにおける私の講義が基本的にそうしたスタイルを踏襲しているのは、この時の経験に基づくものです。

さて、プリンストンを最後にいよいよ帰国する日に思いをはせていたところ、ある日、突然オーストラリアの旧知の経済学者（国際経済学で著名なビクター・アージー教授）から電話がありました。彼いわく「シドニーのマックオーリー大学にこのたび日本経済研究所が設立され、その所長が国際的に公募されている。あなたを推薦しておいたので是非その任務を引き受けてほしい」と。全く寝耳に水のような話でした。

豪州マックオーリー大学

その後、紆余曲折がありましたが、私は結局このポストに就任することになりました。この時の新聞記事はスライド（資料26）にあると

資料26　国際公募されていた日本経済研究所長に推薦され、任命される

BRIEFS

Macquarie move

THE Bank of Japan's senior economic adviser, Professor Mitsuaki Okabe, has taken up the directorship of Macquarie University's Centre for Japanese Economic Studies. He was the senior adviser at the Bank of Japan's Institute of Monetary and Economic Studies before moving as visiting lecturer to the University of Pennsylvania and Princeton University. The Macquarie centre was established two years ago with a donation from the Tokyo-based Nomura Securities Company.

マッコーリー大・日本経済研究所所長に
日銀の岡部光明氏就任

オーストラリアでの日本経済研究を促進するとともに日本経済に関する理解を深めるために、1991年に設立されたマッコーリー大学日本経済研究所の所長に、日本銀行金融研究所エコノミスト、岡部光明氏が就任した。
岡部氏は、東京大学卒業後、日本銀行に入行。金融研究所研究第1課長などを経た後、米国のペンシルベニア、プリンストン両大学で客員講師として日本経済論を教えていた。

おりです。あとで聞いた話ですが、この研究所長への候補者は合計6－7人挙げられていたとのことであり、その中から私が指名されたとのことでした。私としては事前には「しらぬが仏」でしたが、そんな難関をよくも通り抜けることができたことかと、事後的には冷や汗がでる思いがしました。こうした経緯により1992年、今度はアメリカから直接オーストラリアに赴任しました。これまでの北半球での生活から、初めて経験する南半球での生活へと一転したわけです。

マックオーリー大学は、オーストラリア第一の都市シドニーの郊外に立地する比較的新しい公立大学です（創立は1964年）。シドニーは、この世の楽園（パラダイス）のようなところです！　温和で美しい自然、高い生活水準、将来の世界社会のあり方を示唆するといえる多文化の共生（multiculturalism）、ゆったりしたライフスタイルなど、魅力がいっぱいです。さらに、日本人にとっては、英語が通じることや時差がほとんどないこともまた見逃せない魅力でしょう[10]。

この大学でも、米国における場合と同様、日本経済についての幾つかの授業を担当しました。しかし、それよりもむしろ同大学「日本経済研究所」の初代所長として非常に多様な任務が待ち受けていました（資料27）。すなわち、研究所の組織づくり、スタッフの採用、研究計画の立案、国際研究会議の開催、研究成果の刊行、研究資金の調達など、研究所の基礎固めとその後の国際展開に関して全責任を負う立場にありました。たいへん重い仕事でした。しかし、やりがいのある任務であり、自分のこれまでの経験をすべて投入してこの任務に当たっていこうと決意し、職務に取り組むこととしました。

新しいことを創造してゆくことがこの時期の自分の仕事であり、確かに忙しい日々でした。しかし、楽しい毎日でした。例えば、この写

資料27　豪州マックオーリー大学

・シドニー郊外に立地。新しい公立大学(1964年創設)。

・授業「日本経済論」。

・同大学「日本経済研究所」の初代所長＊

＊研究所の組織づくり、スタッフ採用、研究計画立案、国際研究会議開催、研究成果の刊行、研究資金の調達など、研究所に関して全責任。

資料28　国際研究会議を三回主催、成果は論文集として英国で出版

―会議参加者の一部。左から堀内昭義（東大）、高橋亘（日銀）、トーマス・カーギル（米ネバダ大学）、ロバート・デークル（ボストン大学）の各氏、そして岡部。

真（資料28）はそうした活動の一つを示しています。在任中に日本経済研究のための国際会議を3回開催しましたが、この写真はその一つの会議の休憩時間におけるスナップショットです。こうした国際会議には、現地（オーストラリア）の研究者のほか、日本、米国、欧

州などから有力な学者を招聘して実施し、最終的にはその成果を大部の論文集『The Structure of the Japanese Economy: Changes on the Domestic and International Fronts』（全470ページ）として英国の出版社から刊行することができました。

三つの大学を通じて得た印象と教訓

　以上、三つの大学における教職経験の概要を述べましたが、これら全体を通じて得た印象と教訓を次の五点にまとめてみます（資料29）。

　第一は、いずれの大学の場合でも、密度の高い授業システムが完備していたことです。第二は、何事を説明するにしても一般性のある概念（枠組み）を用いることの重要性を痛感したことです。第三は、大学の授業において外部講師をもって講義を代替することは「もろ刃の剣」だということです。第四は、学生との質疑応答の過程で得られることは実に多いということです。そして第五は、個人的な場合であれ

資料29　三つの大学を通じて得た印象と教訓

　（1）密度の高い授業システムの完備
　（2）一般性のある概念（枠組み）を用いる重要性
　（3）外部講師による授業代替は「もろ刃の剣」
　（4）学生との応答過程で得られることの多さ
　（5）人的ネットワークの活用／拡張／深化の大切さ

組織的な場合であれ、研究活動においては人的ネットワークの活用・拡張・深化が大切であることです。以下、これらを一つずつ多少敷延して説明することにします。

(1) 密度の高い授業システムの完備

　第一に、私が担当した講義を含め、大学での授業科目はいずれも週2回の講義（あるいは講義1回と演習セッション1回の組み合わせ）があることです。ＳＦＣを含め日本の多くの大学では、講義がたいてい週1回だけである一方、学生が1学期間に履修する科目数が非常に多いというのが特徴です。多数科目を同時に履修すれば、ある程度内容が重複せざるを得ないうえ、一科目の学習は深みを欠くことにならざるを得ません。これを改めるには、履修科目数を少なくする（例えば半減させる）一方、各科目とも週2回の講義にして密度の高い履修をする方が学生にとって身に付く勉強ができるのではないかと私は考えています。

　第二は、各講義で用いられる教材（reading assignment）の分量が極端に多いことです。アメリカの大学で用いられる教科書は一般に大冊である（500-600ページのものが多い）ことがよく知られているように、大学では多量に読むことが重視されています。読む力をつけるという場合、一つには多量の資料を要領よく読む力をつけることを意味し、いま一つには内容を深く読みとる力を養うことを指しています。講義やゼミナールを通してこの二つの力量をつけることは、大学教育において重要なことです。ちなみに、私がペンシルバニア大学で最初の学期に担当した「日本経済論」のために用意した教材は、ご覧の写真（資料30）のようなものでした。これは授業内容に関連する論文等

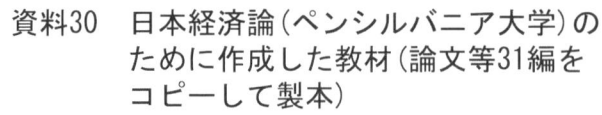

資料30　日本経済論（ペンシルバニア大学）のために作成した教材（論文等31編をコピーして製本）

31編をコピーして製本し（いわば31章建てのテキストとして準備し）履修者が入手できるようにしたものです。

　第三は、受講者はすべての講義に出席することが当然の前提となっていることです。これはほとんどの講義について一般的にいえることだと感じました。例えば、私が担当した授業の場合、履修者の講義出席率は常時90％以上でした（毎回出席確認をしたわけではありませんが）。この一つの理由は、米国の場合、在学中の生活費は親が面倒をみるものの、学費（授業料等）は、家庭の貧富を問わず学生自身が（夏休み中に働いて）稼ぐというケースが多いため、それだけ真剣に授業に取り組むからだと思います。

　日本の大学生の場合、比較的よく勉強するとされるＳＦＣの学生の場合も含め、平均的にはやはり勉強時間が相当不足している、というのが私の率直な感想です。ＳＦＣの場合でも、研究会の出席率は高い（私の研究会の場合は毎回ほぼ100％である）ものの、一般の講義科目

の出席者は履修申告者数の半分程度といった場合が多いことをよく耳にします。学生の「仕事」は勉強することです。海外の同世代の学生に負けないよう懸命に勉強してほしいと思います。

　第四は、学期終了後に行われる学生による授業評価（course evaluation）の集計結果は掲示板に張り出される場合が多く、中にはコメント付き冊子として生協で販売されるケースもある（ペンシルバニア大学の場合）という具合に徹底していることです。ＳＦＣは、日本の大学として初めて系統的な授業評価システムを導入した点で先導的役割を果たしましたが、授業評価の位置づけと活用方法をいま一度検討する必要が出てきているのではないかと私は感じています。

　以上のように、私が経験した海外の大学の場合に比べると、ＳＦＣでもまだ国際的に競争できるレベルに達していない面もあるように思います。ＳＦＣが国際性を標榜する以上、その卒業生が国際場裏で他国の同世代と十分伍していけるよう、引き続きこれらの面で改善を図っていってほしいと思います。

（２）一般性のある概念（枠組み）を用いる重要性
　二つ目の感想は、他人に理解してもらう場合あるいは他人を説得する場合には、一般性のある概念ないし分かりやすい枠組みを用いることが重要だということです。とりわけ日本経済論のような場合、日本経済の各側面の特殊性を強調する論調が従来強かったように思います。詳細は省きますが、例えば長期雇用制度や年功賃金がそうした例です。

　しかし、特殊だ、といえば議論の発展は限定されてしまいます。すべての現象ないし制度には、特殊性だけでなく一般性も含まれているはずですから、むしろ特殊性と一般性をどう区分けして理解するかが

ポイントになります。社会現象は、一般にそのような姿勢で考えることによってより的確かつ深い理解ができるのだと思います。

また社会科学においては、すでに言及したとおり、単に分析や評価だけで終わるのではなく「だから何が課題（問題）なのか、どう対応すべきか」という問い掛けが不可欠であり、それを欠いた研究は知的遊戯に過ぎないといわれても仕方がありません。社会科学の生命線はこうした政策志向の姿勢にこそある、と私は考えています。

（3）外部講師による授業代替はもろ刃の剣

三つ目の感想は、学生諸君の判断に関係することではありませんが、大学の授業をすすめる場合、授業担当者が外部から講師を招き、自分に代ってその方に講義を行ってもらうことは十分考慮したうえで実施する必要がある、ということです。学生諸君の立場からみれば、そうした対応の効果は「もろ刃の剣」になると私は考えています。

外部講師、ことに政策実施ないし事業の現場の方からは、確かに迫真力ある話が聞けます。また、そうした話を聞くことによって思わぬひらめきが得られることもありましょう。さらに、授業担当教員にとっては、授業準備が少なくて済むため多少手を抜けることも、この方式の長所かもしれません。

その一方、外部講師の話は具体的かつ生々しいので、もっぱら楽しい話を聞くことに終わる可能性があります。つまり、通常の授業の場合とは異なり、学生が基礎学力の習得や思考力の鍛練をするという観点からみれば、自ずから限界があるのではないでしょうか。学部教育の目的が学生に対して知的基礎体力を付けることにあるとすれば、外部講師による講義を導入する場合には、その得失を十分考慮する必要

があると思います。

　ちなみに、私がペンシルバニア大学（ウオートンスクール大学院）で担当した研究セミナーにおいては、同僚教授のアドバイスもあってかなりの数の外部講師を招聘して話を聞く機会を設けました。また、ＳＦＣ着任後しばらくの期間、学期全体のうち幾つかの授業は外部講師を招聘して現場の視点などを話してもらうこともありました。しかし、学生は、大学院に進学する場合を除けば、どのような分野に進むにせよ卒業後に不可避的に何らかの意味で「現場」に直面します。したがって、学部在学中の授業は、やはり基本的な学問的訓練の場として位置づけるのが適当である、と私は考えています。このため私は最近、授業を組み立てるうえで外部講師依存が過大にならないよう、ことさら注意を払っています。

　むろん、大学院の場合と学部の場合では事情が異なっており、また要するに程度問題という面はあります。しかし、最近のＳＦＣではやや安易に外部講師によって講義を代替するとか、授業科目としての企業インターンシップを設ける、といった傾向があるように私には思えます。そうした認識が単に私の杞憂であることを願っています。

（４）学生との質疑応答過程で得られることの多さ

　四つ目の感想は、教員が学生と質疑応答をする過程で教員自ら学ぶことがいかに多いかを痛感したことです。静かに講義を聞いてくれる日本の学生とは異なり、とくに米国の大学では授業中にさっと手を上げて質問をしたいというケースが非常に多く発生します。それは、ちょうど日本の小学校や中学校で我々が経験してきた場面にそっくりです。そうした質問は、概して簡単に答えられるもの、あるいは概念の

明確化によって解消するものが大半です。しかし、その中には、素朴な質問ながらことがらの核心に関わり、その場で答えられないような難問である場合も少なくありません。

　いくら教員だといっても、解らないことはいくらもある（あるいは表面的にしか理解できておらず深い理解ができていない場合もある）わけだから、そうした場合には別途考えて回答するといった対応が必要になります。このようにして自分自身が勉強をし直したことは数えきれないくらいあります。また、大半の学生が職業経験を持つ専門職大学院で授業をした場合には（ペンシルバニア大学ウォートンスクール大学院、プリンストン大学公共政策大学院でのケースでは）、質疑応答を通して私の方が直接学生諸君から教えられることが多かったのが実情です。

　一方、質問されたことを自分自身まだ理解ないし解明できていない場合には、それを学生に対して述べる誠実さと勇気が求められているのではないでしょうか。そうした知的誠実さ（インテグリティ）があってこそ、学生に対する教育がほんとうに意味を持つと私は思います。

　結局「教えることは学ぶこと」（teaching is learning）に他なりません。そして大学は教員と学生が共に学ぶ場なのです。その場においては、もし教員が学び続けていなければ誰も学びえません。プリンストン大学の教育について書かれた書物[11]には、このような趣旨のことが記載されており、私の経験からいってもそれは真理を表わしていると思います。

（5）人的ネットワークの活用・拡張・深化の大切さ
　最後五つ目の感想は、個人研究であれ、組織によって進める研究で

あれ、研究活動においては人的ネットワークの活用、拡張、深化が大切であることです。オーストラリアにおいて日本経済研究所を立ち上げた経験によって、そのことを痛感した次第です。私の日銀時代には、日本国内ならびに海外の研究者や研究機関との間において、日銀としてもまた私個人としても広範なネットワークを次第に構築するよう心がけました。このため、シドニーにおいて国際研究会議を開催する場合、あるいは研究支援を得る場合にはそれが大きな資産となり、新しい研究所の立ち上げに際して大きな役割を演じることになったわけです。

研究活動においても、結局はヒト（人的関係）が大きな援軍になるとともに、地道にそれを築き上げることの重要性を改めて認識した次第です。

私が得た教訓、そのＳＦＣでの活用

以上、かなり次元の異なることを幾つか述べました。重要なのは、私が得たそうした印象ないし感想を私がＳＦＣで任務を遂行する場合にどのように活かしているかです。そこで、前述した五つのことがらを私がどう受け止め、そしてＳＦＣで活かしているかを簡単に述べておきたいと思います（資料31）。

まず「密度の高い授業の大切さ」に対しては、「毎回の講義は一期一会（いちごいちえ）」という考えで臨んでいます。大学教員の最大の責務は、何といっても良い講義をすることです。ですから、毎回の授業は「学生と担当教員にとって一生に一度の貴重な機会」と心得て講義を行うようにしています。出来るだけ密度の高い、そして適切な表現を使って話をすることがとても大切だと私は考えています。

```
資料31  私が得た教訓、そのSFCでの活用

（1）密度の高い授業      →  毎回の講義は一期一会
（2）理解・把握の枠組    →  基本用語・基本概念を必ず
                              定義する姿勢
（3）外部講師の活用      →  意義と限界の十分な見極めが
                              必要
（4）自分の勉強と研究    →  教員こそ最良の学生でなくて
                              はならない
（5）人的連携の活用      →  対外のみならず対内（SFC
                              内）でも重要
```

　このため、従来から担当している手慣れた授業の場合でも、講義前日には講義ノートを改めて全部見直し、必要な改定を加えるとともに、配布資料（毎回1枚準備している）にも必要な改訂をします。そして配布資料は、必ず前日中に必要部数のコピーを作成し、準備をすべて整えておくことにしています。講義当日の朝は、大学の個人研究室で最後のリハーサルを行い「いざ出陣」と自分自身に言い聞かせて部屋を出て教室に向かうわけです。これが私なりの努力です。

　なお、技術革新の影響により、大学の授業においてもいまやプレゼンテーションソフトウエア「パワーポイント」を利用した視聴覚講義が全盛を極めています。しかし、学部授業においてパワーポイントを利用するのは適切ではない（板書こそが最適な手段である）というのが私の考え方です。その理由はかつて述べたことがあります[12]。このような私の考え方は、SFCの教員に全く受け入れられないごく少数の意見でしょうが、私の講義は、大教室であれ小教室であれ、すべて

板書と配布資料をもとに進めるスタイルを採用しています。ただし、本日の最終講義だけは諸事情により例外です！

　第二に、定義された概念、ないし一般性のある枠組を用いることの重要性、という点に関しては、私が講義をする場合、基本用語や基本概念を必ず黒板に板書して定義する方針を取っています。これは論文や書物を書く場合も同様であり、自分として常に心がけていることであり、学生諸君にも厳格に求めています。基本用語を定義し、分析の枠組みを明確にする、あるいは論文の構造を明確化する、ということは論文執筆の初歩的心得ですが、それをしっかり実行するだけでも良い論文になることが多いものです。

　第三に、外部講師の活用による講義代替は、すでに述べたとおり、私もかつて一時期ＳＦＣにおいてそれを行っていましたが、その意義と限界の十分な見極めが必要であると考えるようになり、最近は行っていません。自分が担当する授業は、やはり自分が全力を傾注して講義をすることが基本であると考えています。

　第四に、いわゆる「研究か教育か」という問題、これは一般に二律背反とされていますが、私の経験によればそのような認識は全く妥当ではありません。すでに述べましたが、大学においては「教員こそ最良の学生でなくてはならない」と思います。

　第五に、人的ネットワークないし連携の大切さですが、これは個人にとっても組織にとっても常に大きな課題であると思います。そして、それは対外面（対ＳＦＣ外部）のみならず対内面（ＳＦＣ内部）でも重要であることを認識する必要があると考えます。かつては、ＳＦＣというコミュニティは規模が比較的小さかったので誰にとっても全体が良く見渡せていました。しかし、近年は規模拡大その他の事情によ

り、このコミュニティのメンバーは、意識のうえでもまた働き（各種機能の分担と遂行）のうえでも、かなり分断化され、求心力が大きく低下してきているように私には見えます。ＳＦＣの運営責任者にはこの点、いま一度留意していただくことを期待しています。

4．ＳＦＣへの着任、これまでの職務遂行

人生においては、何が起こるか分かりません。シドニーにおいて充実した生活を送っているとき、ある日突然、開設後２年経過して大きな話題になっていたＳＦＣから「専任教員にならないか」というありがたいお話をいただきました。オーストラリアから一時帰国していた1992年12月のある日、総合政策学部の初代学部長であられた加藤寛先生に東京の三田界隈でお会いする機会がありました。

その時いただいたのがこの書物『慶應湘南藤沢キャンパスの挑戦――きみたちは未来からの留学生――』です（資料32）。この本は、

資料32　加藤寛　初代総合政策学部長から
　　　　いただいた書物

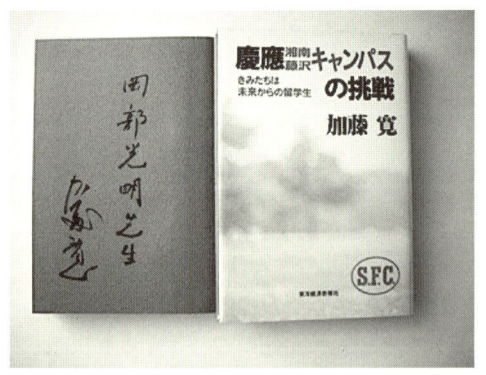

日本の大学教育を根本から変革しようという熱い思いにあふれており、私はむさぼるように読みました。このように熱気にあふれ、多くの先進的な試みがなされているキャンパスにおいて教員の一人として加われたことに大きな喜びを感じるとともに、責任感の大きさを痛感しました。日本の大学改革を先導するＳＦＣの職務に就くに際して、私は自分のこれまでの経験を活かすとともに、微力ながら全力でこの新しい任務に取り組んでいこうという決心をしました。

（１）ＳＦＣでの職務遂行にあたって考えたこと：三つのバランス

　具体的には、ＳＦＣでの職務遂行にあたって三つのバランスをとることが肝要だと考えました（資料33）。

　第一の要素は、学部教育です。三つのうちの一つとはいえ、着任第１年目はこれだけで手いっぱいでした。初年度は、毎回の授業のために講義ノートを新しく書き、それによって担当講義を毎週何とかこな

資料33　ＳＦＣでの職務遂行にあたって考えたこと：三つのバランス

(１) 学部教育
　　―当初はこれで手一杯（初年度は自転車操業）

(２) ＳＦＣらしい研究
　　―初年度は開店休業、数年後やっと軌道に

(３) ＳＦＣ内および義塾内の各種任務
　　―上記（１）と（２）に劣らず重要な職業上の任務。教員個人にとっても得るところが大

してゆくという自転車操業の毎日でした。

　第二の要素は、ＳＦＣらしい研究をすることでした。しかし、初年度は担当授業をこなしてゆくだけで手いっぱいだったので、第二の要素であるこの研究活動は開店休業の状況でした。多少とも研究らしい研究をして論文を書き、学会で発表するようになったのは、着任後数年を経過してからのことです。

　第三の要素は、ＳＦＣ内および義塾内の各種任務に積極的に取り組むことでした。大学教員の任務といえば、一般に研究と教育の二つが挙げられますが、それ以外にも、大学ないし学部の運営に関する各種の任務が非常にたくさんあります。そしてその任務も、研究ならびに教育に劣らない職業上の重要な任務です。この仕事は、一般に「雑用」としてネガティブに位置づけられてしまいがちですが、それをきちんと成し遂げてゆくならば、教員個人にとっても得るところが大きい、というのが私の考え方です。

　どのような「雑用」が自分に回ってくるにせよ、それにはそれなりの理由があると私は考え、与えられる任務はすべて喜んで取り組むようにしました。また、いずれにしてもやらなくてはならない仕事であれば、それをいやいや行うよりも、むしろ快活に行う方が周囲の人にとってもまた自分自身の精神上もはるかに得策だ（If you have to do it, do it cheerfully）と考えました。

　着任と同時に与えられた任務は幾つかありましたが、その一つは図書委員会の委員長でした。ＳＦＣにおける各種事情が何も分かっていないにもかかわらず、なぜこの委員長を仰せつかったのか不思議に思っていました。そうした折り、学部長補佐の役目を担っておられた梅垣（理郎）先生が私に次のように説明してくださいました。同先生い

わく「新しく着任される方にＳＦＣのカルチャーを知ってもらうには、何らかの委員会の委員長ポストを務めてもらうのが一番手っ取り早い方法です。だから岡部先生には図書委員長をお願いすることにしたのです」と。それを聞いた時、雑用を押し付けるための妙な理屈だな、と思いました。

しかし、図書委員会のメンバーの皆さんとともに、ＳＦＣとしてどのような蔵書構築方針を取るか、ＳＦＣ内でどのような先生にどのように協力してもらうか、などを検討する過程において、任務遂行の上で必要に迫られるかたちでＳＦＣの理念や教員のことを色々勉強でき、結局、任務配分についてのそうした考え方が次第に正しいと思うようになりました。

余談ですが、最近の学部運営に関する事務分担をみると、残念ながらこの伝統は受け継がれていないように見えます。その結果、若手教員への負担が過重になっているのではないかという懸念を感じます。新任教員には、それが著名な教員であっても遠慮せずいきなり何らかの委員会の委員長に就いてもらうのがよいのではないか、それがＳＦＣにとってもまた本人にとっても望ましいのではないか、と私は経験的に思う次第です。

（２）職責遂行に対する私の考え方とワークスタイル

ＳＦＣでの職責をどのように遂行するは人さまざまですが、私の場合、次のような考え方と自分自身のワークスタイル（仕事方式）を取りました（資料34）。

第一に、物理的には同じ60分間でも質的には大差があることを重視し、最もエネルギーに満ちた時間を前述した三つの任務に充てること

> **資料34　職責遂行に対する私の考え方と
> ワークスタイル**
>
> （１）物理的には同じ60分間でも質的には大差。最も
> 　　　エネルギーに満ちた時間を３つの任務に充てる
>
> （２）２時間を１コマとしてそれを１日に３コマ確保する
>
> （３）ＳＦＣ個人研究室を全生活の中心に置く

です。具体的には、午前中は一日のうちで最も精気に満ちた時間であるので、三つの任務のうちとくにエネルギーを必要とすること（研究、授業準備、あるいは学部任務のうち企画的な仕事）に時間を割り当てました。この点からいえば、午前中の貴重な時間に、例えば広告郵便物の整理をしたり、雑多な電子メールに返信を書いたりすることは得策ではないので、それらは夕方ないし細切れの時間に対応するようにしました。

　第二に、自分の時間管理として２時間を１コマ（一つの単位）として扱い、そうした時間ブロック（単位）を１日に３コマ確保するように努めたことです。むろん、講義や学内の各種委員会がある日はその原則どおりに行きませんが、通常は午前中に２時間の時間ブロックを一つ、そして午後には同様のブロックを二つ、それぞれ確保するように努力しました。このようにすれば１日に６時間は集中度の高い生産的な時間を確保できる一方、重要性の低い雑件はそれ以外のすき間な

いし細切れの時間に対応でき、限られた時間の効率的活用が可能になる、という考え方によるものです[13]。

　第三に、これが多くの他のSFC同僚の皆さんとかなり異なる点ですが、私の場合、SFCにおける個人研究室（K310号室）を全生活の中心に置く、という考え方をしたことです。同僚教員の皆さんの中には、もっぱら自宅あるいは外部研究所等を研究実施の場とされる方が少なくありませんが、私は徹底してSFCでの個人研究室を自分のすべての生活のキー・ステーションとすることにしました。幸い静かで明るい一部屋を与えられているうえ、研究上必要となる資料やコンピュータをここ一か所に集中することによって効率よく仕事ができると考えたからです。また、20年以上も組織の中で毎日仕事をした経験により「仕事は職場でするもの」という習性が身に付いていたこともその一因です。つまり、SFCに来ることによって完全にモードの切り替えができ自分自身の気分を新たにできる、という事情が私の場合ありました。

私の勤務状況

　さて、着任初年度はどうだったのかを思い出してみますと「この年（1994年度）は担当授業をこなすことで手いっぱいだった」という以外にありません。「この時期ほど大変な思いをし、そして厳しかった１年はそれまでの人生のなかで他にはなかった」というのが自分自身の記憶です。

　そのことを確認するため、先日、自分の日記をひもといてみました。私の日記は整然としたものではなく、また何も文学的なものでもありませんが、幸い「SFCの研究室を何時に退出したか」の時刻だけは

資料35　初年度の勤務状況

	1994年度の合計
SFC在室	199日
うち夜8時以降も在室	81日
うち夜10時以降も在室	36日

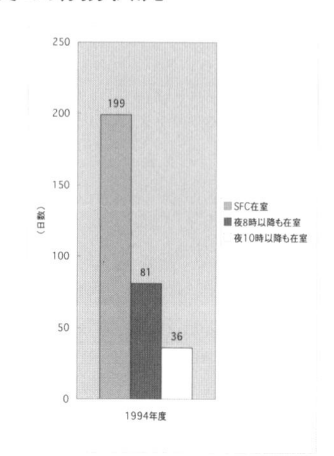

きちんと記録してあります。この記録をもとにして私の初年度の勤務状況を振り返ってみました。それがこの図です（資料35）。

　私が初年度にSFCの個人研究室に来た日数は、合計199日だったことが分かりました。一般の勤め人の場合と異なり、大学教員には9時から5時までといった勤務時間の規定はありませんが、いま仮に夜8時以降も在室して仕事をした場合を「残業」ということにしますと、初年度の残業日数は全出勤日（199日）のうち81日でした。そのうち、さらに夜10時を超えて個人研究室に在室した日数（いわば深夜残業）を数えてみると31日ありました。

　SFC教員の場合、学期中は、会議日である水曜日を含め週3日間キャンパスに来ることが求められています。そして1学期の授業は、期末試験の週も含め合計15週間であるので、教員は1学期間に45日（週3日×15週）SFCに来る義務があるわけです。これが春学期と秋学期の2学期あるので、年間では90日キャンパスに来ることが要

請されています。私の初年度の出勤日数は先ほど述べた199日であり、必要勤務日数の90日の何と2倍以上もキャンパスに来ていたことになります。初年度の大変さは、自分の日記の記録によってこのように数字的に裏付けられ、記憶が間違っていなかったことが確認できました。

初年度とそれ以降の対比

その後の年度は「初年度に経験した死ぬほどの思いに比べればさほどのことはなかった」というのが自分自身の記憶です。それを確認する意味で参考までに再び日記をひもとき、同様の統計を取ってみました。その結果が次の図です（資料36）。

これは、私にとってまったく驚くべき結果であり、大きな発見でした。まず、2001年度は在外研究（サバティカル・リーブ）の年であり海外の三つの大学（英オックスフォード大学・米ミネソタ大学・オーストラリア国立大学）に滞在していたため、SFCに来た日数は当然

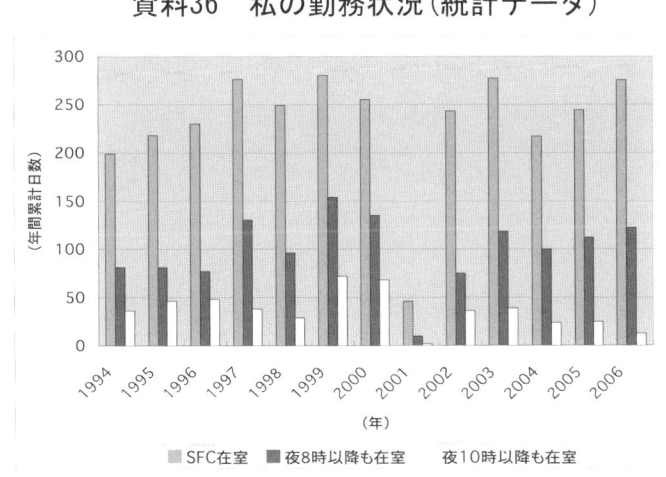

資料36　私の勤務状況（統計データ）

資料37　初年度とそれ以降の対比

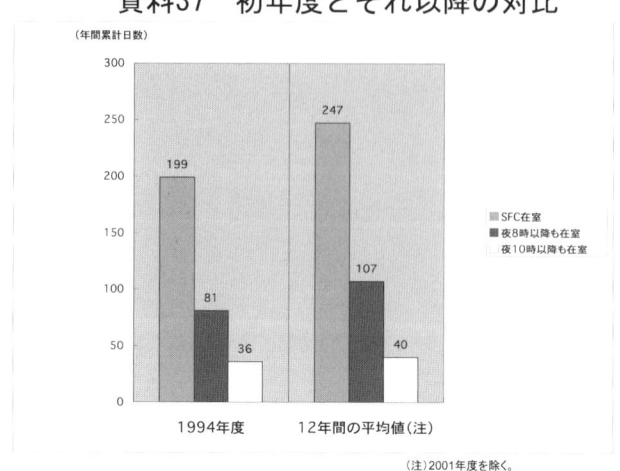

（縦軸：年間累計日数）

	SFC在室	夜8時以降も在室	夜10時以降も在室
1994年度	199	81	36
12年間の平均値（注）	247	107	40

（注）2001年度を除く。

きわめて少なくなっています。しかし、その年を除けば、統計的にみた場合、初年度（1994年度）が最も厳しかった、あるいは「最悪」だったというわけではなく、むしろその後の年度における在室日数の方がより多いだけでなく、残業日数も明らかに増えていることが明らかになったわけです。

このことをより的確に表わすため、初年度とそれ以降の年度の平均を対比する資料を作ってみました（資料37）。つまり、初年度（1994年度）と、その後の12年間の平均値を比べると、ＳＦＣ在室日数は初年度が199日、それより後の年が247日と一段と増えており、そして8時以降も在室した日数はそれぞれ81日と107日、そのうち10時以降まで在室した日数は36日と40日であり、いずれの勤務尺度でみても、後の年の方が初年度を明らかに上回っていることが分かったのです。

そこで大きな疑問が湧いて来ました。つまり、一方では、私自身初年度が最もたいへんであり、大げさに言えば死ぬ思いをしたという記

憶があります。しかし、客観的な統計データによれば、むしろそれより後の年の方が一層集中的にＳＦＣに勤務したこと、あるいは一層厳しい勤務状況だったはずであること、が示されています。私の記憶と、この統計的事実は明らかに矛盾しています。余計な統計を作ったがために、新たな謎が発生したわけです。

　この矛盾はなぜ生じたのでしょうか。その事情を私なりに考えてみました。すると、この不整合性には、三つの要因を指摘できるのではないかという結論に達しました。

　第一は、環境への順応です。２年目以降はＳＦＣという環境に慣れたので、何事につけ主観的には負担感が減ったことです。このため、現実にＳＦＣにいる日数が増えたにもかかわらずそれを余り負担と感じなくなったのではないか、と考えられます。第二には、学内任務の増大です。２年目以降は、前述した図書委員会の委員長に加え学内の各種主要委員会の任務が格段に増加し、このためＳＦＣ在室日数や残業日数も大幅に増加した、という事情を指摘できます。確かに、これは統計的事実によく反映されています。しかし、これら二つの要因だけでは前述した矛盾を十分に説明できないように思え、また私自身なかなか納得が行かない気持ちでした。

　そこで三つ目の要因があるのではないかと考えました。それは、使命遂行に対するエネルギーの賦与です。私自身気付くことはありませんでしたが、私がその使命（mission）を果たすために自分を超えた大きな力（higher power）が私にエネルギーを与えてくれた、と考えられることです。このため、私がＳＦＣで各種の任務を果たして行くことが、負担に感じられるどころかむしろ生き生きと、そして嬉々としてできるようになったのではないか、と思います。事実、２年目以

資料38　研究会卒業生を送る会（自宅での恒例会合）

降には確かにＳＦＣとの係わりや学生諸君との係わりも格段に増えました。例えば、次の写真（資料38）は、私の研究会に所属した卒業生を送るための恒例の送別会を自宅で行っている様子です。

　このように、ＳＦＣに勤務することに伴うすべてのことがらに対して、喜びをもって積極的に対応できるようになったのは、たいへんありがたいことだと思います。そこで次に、ＳＦＣにおける私の研究面と教育面を順次振り返ってみることにいたします。

（３）　私の研究領域：大別して三つ

　私の研究領域は、大別すれば三つに整理することができると自分では考えています（資料39）。第一は金融論です。第二は総合政策学であり、そして第三は大学教育論です。さらに、それら三つを一つにまとめるという視点もあると思います。これを追加するならば、第四として「全部の統合＝研究（金融論＋総合政策学）＋教育」と表現する

> 資料39　私の研究領域：大別して三つ
>
> a. 金融論
>
> b. 総合政策学
>
> c. 大学教育論
>
> d. 全部の統合 = 研究(a+b) + 教育(c)

ことができるかもしれません。以下、これら四つの意味について、やや具体的に振り返ってみます。

金融論

　金融論とは端的にいえば「おかね」の研究です。おかねは私たちにとって最も身近な存在です。例えば、おかねを指す言葉として、金（かね）、現金、現生（げんなま）、資金、通貨、貨幣、金銭、銭、マネー、紙幣、銀行券、コインなど、実に様々な表現があるのは、まさにそのことを示しています。

　重要な点は、世の中のすべての経済取引には「おかね」の流れが伴うという事実です。そして、モノやサービスの取引がある場合、おかねはそれと逆方向に必ず流れるものである、という点です。例えば、生協でサンドイッチを購入する場合、サンドイッチと引き換えに皆さんから生協に対しておかねが流れます。また、理髪店で髪形を整えて

もらう場合には、皆さんが整髪サービスを受ける代価として皆さんから理髪店におかねが流れます。さらに、皆さんの手もとに余裕資金がありそれで株式投資を行う場合にも、皆さんは企業が発行する株券を入手すると同時に皆さんからその企業におかねが流れるわけです。

このように考えると、おかねの流れはすべての経済取引と裏腹の関係にあり「おかねが分かれば社会が分かる」ということができます。したがって、金融論とは、おかねとはそもそも何なのかを解明することに他なりませんが、より具体的にいえば、おかねの流れ方、流し方、流れる仕組み、の研究であると表現することができます。あるいは、おかねという切り口からみた社会の理解方法である、といって良いかもしれません。

このため、金融論が関連する領域はきわめて広範に及ぶことになります。まさに総合政策学になじむ研究領域であり、具体的な研究テーマも実に多様です。すなわち、企業や家計の行動、おかねが取引される市場の仕組み、おかねと関連する各種制度、おかねと経済発展の関係などがまず基本的なテーマとして存在します。さらに、最近の一例を挙げるならば、Suica（スイカ）、Edy（エディ）、Pasmo（パスモ）などいわゆる電子マネーによって各種の支払いが簡便にできるようになっています。これらのカードには集積回路チップ（いわば小さいコンピュータ）が埋め込まれているからこそ、カードにおかねの機能を持たせることができているわけです。ここから分かるように、IT（情報技術）革新が金融に与える影響も、最近の金融論においては一つの重要な研究テーマになっています。

金融論の視点は、信用あるいは安全といった普遍的価値に関連する面も含んでおり、またそれを確保するための公共政策、そして市場の

資料40　現代金融論の集大成（2冊合計900ページ）

国際的なつながりといった視点も不可欠になります。これらの基礎的側面ならびに現代の諸問題を私なりに整理し、体系づけて集大成したものがこの写真（資料40）に出ている2冊の書物です。

　左側の本が『現代金融の基礎理論』という書物であり、いわば理論編です。表紙が青色なので学生諸君によって通常「青本」と呼ばれています。一方、右側の書物が『環境変化と日本の金融』であり、いわば応用編です。この表紙は赤色なので「赤本」と通称されています。刊行後間もなく、東京大学の岩田一政教授はこの2冊を取り上げて詳細な書評をお書きくださり、幸いにも「この2冊セットはSFCの学問的な特徴をよく体現している」と評価してくださいました[14]。また、この2冊に対してお蔭様で慶應義塾賞をいただくことができました。

総合政策学

　私にとって二つ目の研究領域は、総合政策学です。日本で最初に

「総合政策学部」を創設し、総合政策学という名称の学問領域を導入したのはいうまでもなくＳＦＣです（1990年4月）。このためＳＦＣは「総合政策学とはどんな学問か」を常に明確化するとともに、深化し、実践し、そして普及してゆく責務を負っているといえます。事実、ＳＦＣの歴代学部長はその面でそれぞれ努力をされ、総合政策学の概念を規定してこられました。

a．総合政策学についての各種の考え方

初代学部長の加藤寛先生は「我々がある選択をする時、あるいは行動する時には必ず総合的に考えて行っているわけであるから、総合的にものを考える必要性、つまりすべての学問に反しないような合理的な基礎づけの必要があること」を強調されました[15]。

第二代学部長の井関利明先生は、デジタル・メディアとそのネットワーク（新しい情報基盤）が従来の学問のあり方を根本的に変えつつあることを指摘され、そのもとでは「自律分散する主体が地球規模ネットワークのなかで広範な連結を持ち、相互に関わりあいながら協働作業を通して知を共同創造する時代になっている」として総合政策学をそこに位置づけておられます[16]。

第三代学部長の鵜野公郎先生は、現代の日本が脱工業化、情報化、サービス化を推進力とする新しい段階に入ったという認識（パラダイム・シフトの必要性）を示されるとともに、そこにおける社会科学は「問題の発見と問題の解決」という一連の創造的プロセスを重視することが重要であることを強調されました[17]。

そして第四代学部長の小島朋之先生は、人間社会の事象を把握するうえで各種学問領域を総合的に活用すること、問題発見から問題解決

までのプロセスを全体として捉えること、問題解決プロセスに関与する多様な主体を全体として捉えること、が総合政策学の基本的性格であることを（私との共著論文において）主張されました[18]。

b．総合政策学先導拠点への指定

　これらの認識は、表現こそ異なっているものの多くの共通要素を持っており、総合政策学を理解するうえで相互に補完的なものです。総合政策学の概念化に関するこうした努力が続けられていた2003年、ＳＦＣは文部科学省の21世紀COE（Center of Excellence）プログラムにおける「総合政策学先導拠点」（略称は政策COE）に指定され、その名称が示すとおり以後5年間（2003-2007年）にわたって関連する活動をさらに活発化させることになりました。

　この研究プログラムには、ＳＦＣの専任教員のうちプログラムリーダーを務められた大江守之先生、國領二郎先生をはじめ30名が加わり、私も幸いそのメンバーの一人として今日まで参加してきました。またＳＦＣ大学院の博士課程学生も、藤井多希子さん（その後博士号を取得、現在はＳＦＣ特別研究講師）、秋山美紀さん（その後博士号を取得、現在はＳＦＣ専任講師）、伊藤裕一君（博士課程在籍中）など20名がリサーチ・アシスタント（研究助手）として教員と共同でこのプロジェクトに関わってきました。

　この政策COEは、総合政策学の研究と実践をさらに推し進める取り組みであり、今年が5年目で最終年に当たります。研究成果はこれまでにすでに書籍5冊を出版しており、今年度中にさらに6冊の追加を予定しているので、全部で合計11冊になる見込みです。また、書籍になる前の研究論文としてワーキングペーパー（討議用論文）をすで

> **資料41　総合政策学とは、、、**
>
> ■ IT（情報技術）革新を強く意識して現代社会を理解しようとする研究
>
> ■ 次の三つのうちいずれか（またはその組合わせ）である点が特徴：
>
> 　(1) 新しい社会的問題の発見・分析・解決
> 　(2) 既存学問の横断的かつ独創的な活用
> 　(3) 問題解決の実践

に127編刊行しているほか、国内ならびに海外の大学や研究機関との研究ネットワークも構築してきました。私がこのチームの一員として参加することができたのは、たいへんありがたいことであり、自分自身、総合政策学への理解を深める大きな契機になりました。

　そこで、せっかくの機会ですから「総合政策学とは何か」について、政策COEの活動を通して得られた現時点での理解（それは私の個人的理解に過ぎないかもしれませんが）の一端をお話しておきたいと思います（資料41）。

　つまり総合政策学とは、一言でいえば、IT（情報技術）革新を強く意識して現代社会を理解しようとする研究です。そして（1）新しい社会的問題の発見・分析・解決を指向すること、（2）既存学問の横断的かつ独創的な活用をすること、（3）問題解決の実践を試みていること、の三つのうちいずれか（またはその組合わせ）である点を特徴とする研究である、といえます。詳細な議論は省きますが、こう

資料42　総合政策学の現時点での集大成

した考え方に立つ総合政策学を現時点で集大成したものが次の写真にある2冊の書物です（資料42）。

　左側の書物『総合政策学の最先端Ｉ』は、多くの同僚教員の皆さんの研究成果を全4巻として取りまとめたうちの第1巻目であり（2003年に刊行）、この第1巻の編集は私が担当しました。一方、右側の書物『総合政策学の最先端――問題発見・解決の手法と実践――』は前書よりも新しく、COEのその後の研究成果を踏まえて昨年（2006年）刊行したものです。この書物は、総合政策学を「問題発見・解決の学」としてはじめて厳密に体系化した書物であり、大江（守之）先生、梅垣（理郎）先生と私の3名が編集にあたりました。ちなみに、日本全国で「総合政策学部」を有する大学は20大学を越えますが、この書物に比肩する成果を出版している大学は私の知る限りではまだ見当たりません。

c．総合政策学の一例：既存学問の総合的活用

　総合政策学の精神を反映した研究がどのようなものかについて、私自身が行ってきた一つの研究例を挙げておきましょう。私の研究領域の一つとして「企業」あるいは「コーポレート・ガバナンス」があります。コーポレート・ガバナンスとは、企業の株主、経営者、従業員、借入先銀行など（これらを利害関係者ないしステークホルダーといいます）の間における相互作用の結果、企業の行動がどのように規律づけられるのか（その結果として効率性が維持されるか）に関する仕組みのことです。この研究と総合政策学の関係は、次にお見せする二つの図によって理解していただけると思います。

　第一の図（資料43）は、コーポレート・ガバナンスの視点をもとにすれば、従来および現在の多くの事象がそれによってうまく説明できる面が多いこと、つまりコーポレート・ガバナンスという視点の有用性を示しています。すなわち、日本のかつての高度成長、バブル経済

資料43　従来および現在の多くの事象はコーポレートガバナンスの視点から説明可能

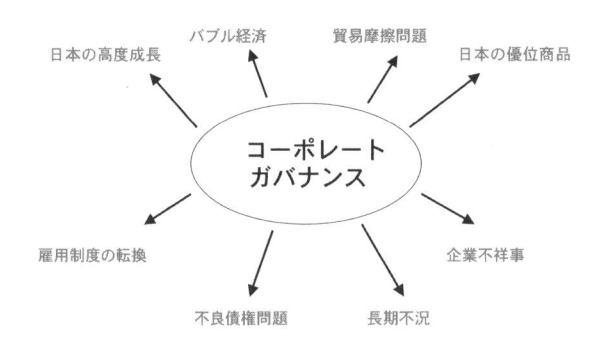

　　　　バブル経済　　貿易摩擦問題
日本の高度成長　　　　　　　　　　日本の優位商品

　　　　　　コーポレート
　　　　　　ガバナンス

雇用制度の転換　　　　　　　　　　企業不祥事
　　　　　不良債権問題　　長期不況

の発生、貿易摩擦問題や日本の優位商品の性格、雇用制度の特徴と転換の必要性、不良債権問題の原因、1990年代における長期不況の性格など、多くの重要な問題はコーポレート・ガバナンスの側面から説明し、あるいは理解することができます。少なくとも、コーポレート・ガバナンスの視点を欠落させたままでは、これらの問題に十分な説明をすることができません。例えば、ごく最近みられる「牛肉コロッケの原料偽装問題」あるいは「原子力発電所の臨界事故隠蔽」など、企業不祥事の多発についても、コーポレート・ガバナンスの視点からの理解がたいへん有用です。

　一方、コーポレート・ガバナンスの研究においては、多くの学問分野の成果を利用することが不可欠です。これを示したのが第二の図（資料44）です。企業に関する研究ですから、経営学、ミクロ経済学、労働経済学の視点が必要になるのは当然です。そして、企業の資金調達方式は実は企業ガバナンスの形態に大きな影響をもつため、金融シ

資料44　一方、その研究には多くの学問分野の成果利用が不可欠

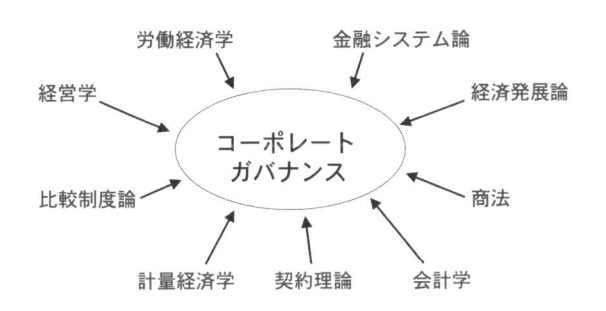

経営学／労働経済学／金融システム論／経済発展論／商法／会計学／契約理論／計量経済学／比較制度論 → コーポレートガバナンス

ステム論、契約理論、商法、会計学などの視点からの理解も欠かせません。さらに、実証分析に際しては計量経済学の手法が不可欠であるほか、より大きな枠組みとして経済発展論、比較制度論なども有用な視点を与えてくれます。こういう意味で私はコーポレート・ガバナンスの問題を総合政策学的に研究してきたわけです。

大学教育論

　私にとって三つ目の関心領域は、大学教育論です。ただ、これを一つの研究テーマにしようと当初から考えていたわけではありません。大学教員を務める以上、三つのことを常時考え、それを実行するよう努力し、そしてそれらの考察を様々な機会に文章で書き綴ってきたに過ぎません。その三つのこととは（1）いかに良い授業を行うか、（2）学生諸君にとって真に大切なことは何か、（3）それをいかに学んでもらうか、です。

　これらに関する考えがある程度まとまった時、できるだけ文章として残すように努めてきました。その場合、ＳＦＣのニュースレター『パンテオン』は私見を自由に発表できる場として大いに活用することができました。「チリも積もれば山となる」という諺（ことわざ）どおり、そうしたことを継続しているうちに文章がかなりの分量となり、区切りのよいところで1冊の書物にしておくのが良いと判断し、書物として刊行しました。その結果、そうした雑文の集積が今日までに合計3冊の書物として残ることになったわけです。したがって、結果的にいえば、大学教育論は私の一つの研究領域（あるいは少なくとも大きな関心領域）となりました。

　まさに、私が学生諸君にいつも述べているとおり「継続は力なり」

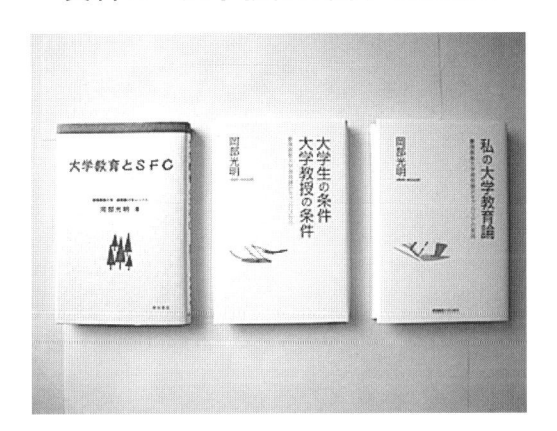

資料45　大学教育に関する三部作

です。また、雑文の寄せ集めであっても、それが量的に蓄積すれば１冊の書物になることが示すように「量は質に転化する」といえます。この二つの箴言は、大きな真理を含んでいると私は体験的に確信しています。

　私の大学教育に関する三部作は、この写真のとおりです（資料45）。左端の『大学教育とＳＦＣ』は2000年に、中央の『大学生の条件　大学教授の条件』は2002年に、そして右端の『私の大学教育論』は昨年（2006年）の秋にそれぞれ刊行したものです。中央の書物『大学生の条件　大学教授の条件』は、とりわけ学生諸君に対して私が伝えたいメッセージを集大成したものです。このため、本日この最終講義を聞いてくださっている皆さんに１冊ずつプレゼントしたいと考えました。この教室の入り口にこの書物を置きましたので、まだ受領していない諸君は忘れずにお持ち帰りください。

研究と教育の統合

以上三つの研究領域を述べましたが、ここ1〜2年はそれら三つを全部統合するプロジェクトを思いつき、それを推進してきました。

すなわち、まず金融論と総合政策学の統合です。ここでは三つの柱を立てました。第一に、総合政策学的方法による成果といえる研究成果を出すことです。このため金融論、企業論、比較制度論、計量経済学、公共政策論等を含む研究であることをこの新プロジェクトの要件としました。第二に、政策指向型の研究成果といえるものであることです。単なる分析に終わるのではなく、それを踏まえた政策提言が盛り込まれていることも要件と考えたわけです。そして第三に、先端性です。現代社会における最新の課題ないし最先端の課題を対象とした研究成果になっていることを要件としました。

以上が金融論と総合政策学を統合するイメージですが、それに加えて第三の領域つまり学部教育の成果もそこに盛り込まれていることがこのプロジェクトの大きな条件と考えました。具体的には、私が担当する研究会のメンバー（学部学生）がこれまでに行った研究もそこに反映されているものでなくてはならない、と考えたわけです。

以上の三側面を持つ成果は、どのようなものになるのでしょうか。まずそれは、私が従来進めてきた日本企業の研究と金融システムの研究の接点（コーポレート・ガバナンス）を研究対象としたものになります。そして、昨今新聞のトップ記事になることが多い企業のM&A（Mergers and Acquisitions、合併と買収）を一つの中心テーマとすることが自然に導かれます。さらに、研究会学生による研究成果を一つの中核として含むものになります。最後の点を具体的にいえば、研究会所属の学部学生が執筆し、それを拡充して私との共著論文のかた

資料46　研究会所属の学部学生が執筆した
　　　　３編の高度な学術論文

―私との共著論文として大学院ワーキングペーパーとして刊行。

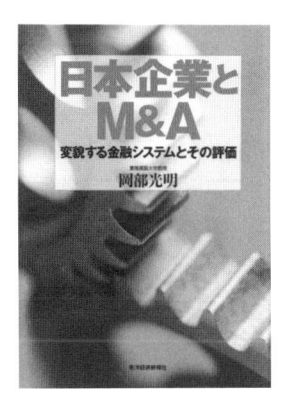

資料47　ＳＦＣにおける私の研究と教育の
　　　　集大成（本年5月刊行）

ちとしてＳＦＣ大学院のワーキングペーパーとして刊行した三つの論文があるので、それを一つの中心に据えたものにする、ということです。この三つの共著論文は写真（資料46）のとおりです[19]。

　以上のような考え方に沿って私自身進めてきたプロジェクトの成果

は、次の写真にある書物として結実させることができました（資料47）。これは、ＳＦＣにおける私の研究と教育の成果を400ページ近い書籍として取りまとめたものであり、去る5月に東洋経済新報社から刊行したものです。なお、私は8月末をもって慶應義塾を退職することになりましたが、結果的にはこの書物がいわば私の「ＳＦＣ卒業論文」になるといえるかもしれません。

（4）学部教育：私の考え方とその実践

　私がこれまでＳＦＣの学部レベルおよび大学院レベルにおいて担当してきた授業は多岐にわたり、また授業科目名も何度か変化しました。現在担当している科目名でいえば、学部科目として「マクロ経済1」「現代金融論」「地域研究Ｂ」の三科目があり、学部および大学院共通科目として「経済政策分析」が、そして大学院研究プロジェクト科目として「市場とガバナンス」があります。このほかに、学部の研究会（ゼミ）として「研究会1：金融研究」と「研究会2：日本経済研究」の二つを開講しています。

　大学院生は、修士課程学生にせよ博士課程学生にせよ、自分で勉強ないし研究する力がある程度身に付いている点で学部生とは相当異なります。このため、私は大学教育について基本的に次のような考え方をしています。

　第一に、大学の基本は「学部教育」にこそある、という理解です。なぜなら、学部教育が対象とする年齢層（18-22歳）は、知識吸収力の大きさ、頭脳の柔軟さ、感受性のみずみずしさ、などの点で人生のどの4年間と比べてもかけがえのない重要な時期だからです。世間には、学部よりも大学院の方が重要である、あるいはカッコよい、など

の認識が一部にみられますが、私はそういう考え方を取りません。大学の本質は学部にこそあると考えています。

　第二に、学部教育においては、まず一定水準の専門知識の習得を必須として求める一方、以下に述べる3点を学生が真に理解し、そして身に付けることが重要である、という理解です。この考え方は、私がこれまで学生に接する経験の中で、つまり大学教育の実践を通して、確信するに至った大学教育観であります。

普遍性・国際性のある態度と知的スキルの習得

　学部教育において重視する必要がある第一点は、普遍性ないし国際性のある態度と知的スキルを習得することです。

　最も基礎的なこととしては、何ごとにつけ時間を厳守できること、きちんと挨拶ができること、室内では脱帽する習慣が身に付いていること、食事をしながら講義を聴講するのは望ましくないことが理解できることなど、何も大学生に限ることではありませんが、まず日常生活面において社会性を第二の自然として身につけることです。

　そして、大学生らしい力量、すなわち論理展開力、豊かな感性、ものごとを理解するうえでの文脈付与力、さらには直観力、といった汎用性の高い力量を学生時代に自分のものにすることは、長期的にみれば学力の向上以上に重要なことになります。さらにいえば、あまり議論されないことかもしれませんが、美しさとは何かを理解し、それを追及する心がけも大切だ、と私は考えています。なぜなら、美とは最も本質的な要素を直観的に把握することに他ならず、このため美しさが理解できることはものごとの本質理解力を高めることになるからです[20]。

以上、論理力、感性、文脈付与力、直観力といった力量を養成することが重要だと述べましたが、次に、なぜそういえるのかを考えてみたいと思います。

　何らかの問題ないし課題がすでに与えられている時、その性質を明らかにしようとする分析においては、当然、論理が重要であることは論を俟ちません。しかし、そもそも何が問題であるのかを発見ないし定義し、その解決策を見いだす場合に重要なのは、実は論理というよりもむしろ鋭い感性あるいは感受性（センスないしセンシティビティ）だと私は考えています。物事の本質は、単に知性（すなわち論理の世界）だけで見抜くことはできず、感性ないし情緒（すなわち非論理の世界）が加わることによって初めてそれが見通せるわけです。

　したがって「問題の発見と解決」を標榜する総合政策学においてはもとより、社会科学が大きな意味を持つうえで必要なのは、論理力と感性の両方なのです。その両者が合成されたものとして直観力があり、まさに直観力を磨くことが大学教育の究極的な目標といえるのではないか、と私は考えています。

　ＳＦＣでは、技法系科目のほか、感性を磨くための科目も幸いなことに充実しています（例えば、デザイン言語、空間とデザイン、古典と現在、といった科目）。人間としてのほんとうの力量を身に付ける上では、政策系科目だけを履修するのでは不十分です。すぐに役に立つ科目は、すぐに役に立たなくなるものです。ＳＦＣでは、ともすればすぐ役に立つ科目の方が目立ち、学生諸君もそうした科目に傾斜しがちです（例えば、企業インターンシップ科目）。しかし、すぐに役立ちそうにない科目の大切さも忘れないでほしい。皆さんにおいては、人文系科目等も大切にし、センスそして究極的には「直観」を磨いて

ほしいと思います。

　物事を的確に、そして大きな視点から理解するうえでは、対象をどのような枠組みの中で捉えるかが重要になります。換言すると、文脈（コンテクスト）付与力を鍛えることの大切さです。適切な文脈の中で理解することによってものごとが多面的に、そしてより深く理解できるようになります。次の図をみてください（資料48)[21]。

　この図を見た場合、たいていは「A B C」という文字、そして「12 13 14」という数字を読み取るのが普通でしょう。しかし、よくみれば、真ん中の図形は実は上下とも全く同じものです。上段ではそれを「B」と理解するのが通常の感覚であり、下段では同じ図形を「13」と読んでいます。つまり、事実は一つでも、どのような文脈でそれを見るかによって、事実が全く異なる意味をもってくる、あるいは異なるものとして理解されることになるわけです。

　一つの事実（この場合は真ん中の図形）に対して「A」や「C」と

資料48　文脈効果の例

ABC

12 13 14

(出典) Kahneman (2003)

いうコンテクストの中で理解するか、それとも「12」や「14」という枠組みを与えて解釈するかによって、同一の事実が全く異なるものとなるわけです。

　断片的な知識でしかなかったことが、まとまりを持った新しい事実として理解できた時、あるいはこの例のように別の意味を持つものとして理解できた時には、大きな驚きと感動を覚えるものです。事実、私の研究会の学生からそうした経験をしたという話を少なからず聞いています。

　勉強することのほんとうの楽しさは、このように一挙に全部が理解できるという瞬間がある日、突然訪れることにあるのです。それを楽しみにして毎日の勉強を重ねてほしいと思います。

明晰かつ美しい日本語を使う力の涵養

　学部教育において私が重視したことの第二点は、明晰かつ美しい日本語を使う力を学生諸君に涵養してもらうことです。

　研究会では、論文として書く文章に厳密さと簡潔さを求め、その訓練に力を注ぎました。ただ、それよりもさらに意識的に行ったのは、毎回の研究会における発表や討論など、日本語を口頭でやり取りする場合でした。学生諸君にとって日本語は母語であるため、ともすれば誰でも問題なくしゃべれていると考え勝ちですが、そうではありません。友人同士の会話ならばさして気に留める必要はないでしょうが、知的討議においては、曖昧（あいまい）さがなく簡潔な言葉で会話を進めることが大切であり、それができるかどうかがその人の知的力量ないし品格を決めると私は考えています。

　このため、研究会でテキストを輪読しその要旨を発表してもらう際

には、内容を明快に整理するとともに、それを明晰かつ無駄のない日本語で発表することができるよう、学生諸君に強く求めました。不明瞭な話しぶりをする場合には、より明確に話すよう何度も言い直しをしてもらうようにしました。また輪読テキストの内容発表のあと直ちに自由討議に入ることはせず、多くの学会で論文発表に関する形式として採用されているように、予め指定討論者を決めておき先ずそのコメントを全員が聞いてから自由討議を行う、という方式を採用しました。

論点や内容があいまいな議論をいくら長時間行っても得るところは余り大きくありません。しかし、私の研究会ではこのように討論に用いる言葉に十分注意を促したため、それによって討議の密度を高めるとともに物事を学び身に付ける効果も格段に大きくなったように思います。日本語は母語であるからといって決してあなどってはいけないのです。

正しい日本語が使えないのに立派な英語が使えるようになるはずはありません。「日本語力の鍛練は国際性の第一歩である」というのが私の考えです。

この写真（資料49）は、研究会メンバーが各自の一学期間の研究成果を発表するとともに、発表するにあたっての日本語を磨くために毎学期末、湘南国際村で行っている合宿のスナップ写真です。次の写真（資料50）は、それから2年後（2006年7月）のものです。2年経てばメンバーの大半は当然入れ替わりますが、研究会のあり方に関する伝統は一つの学年から次の学年へ、そして先輩から後輩へと引き継がれています。それが、講義形式の授業とは異なる研究会の意義の一つだと思います。

資料49　研究会の研究論文発表のための合宿

年2回、毎学期末に湘南国際村で実施。

資料50　会場は毎回同じ：前の写真から2年後

人間関係の重要性の理解

　私が重視した第三点は、何事につけ人間関係が重要であることを確信してもらうことです。

　まず、学部における「研究会」は人の集合である、という考え方を

取りました。これはＳＦＣの標準的な考え方に背くものです！　ＳＦＣでは、従来の大学の場合とは異なり、研究会ないしゼミ（ゼミナール）は人の集合というよりもあるテーマについて研究する組織（研究プロジェクト）としてまず存在し、それを分担して行う意図を持った学生がそこに集まる、という考え方を創設時以来してきました。現に、その思想を徹底させるため、2001年度には従来の科目名である「研究会」という名称を「研究プロジェクト」へと変更し、昨年度まで「研究プロジェクト」と称していました。

　しかし私は、ＳＦＣの教員の一人でありながら、ＳＦＣで風靡したこの考え方になじめませんでした。まず研究プロジェクトという抽象的なものがあり、それを分担して遂行するために集まった学生の集団という考え方、つまりプロジェクト遂行機能を持つ働き手としてしか学生を位置づけない発想は、私として採用することができませんでした。共通の研究テーマの下に学生が集まる場合も当然ありましょうが、それ以外にも、例えば担当者教員の研究会運営方針、研究会の伝統、利用可能な各種リソース（共同研究室の有無等）などに着目して学生が集まる場合もあります。人には個性があり、また研究テーマ以外の関心も異なるわけですから、それを軽視する研究プロジェクトという発想は、私にはなじめなかったわけです。

　その後、研究プロジェクトという発想には無理があるとして、ＳＦＣとしてもついにその名称を放棄し、今年４月以降は「研究会」というかつて採用された科目名に変更される（すなわち復帰する）ことになりました。こうした経緯から考えても、私が踏襲してきた人的つながりを重視する「研究会」という発想とその運営方針は正しいものであった、と感じています。研究会に関する私のこうした考え方が結実

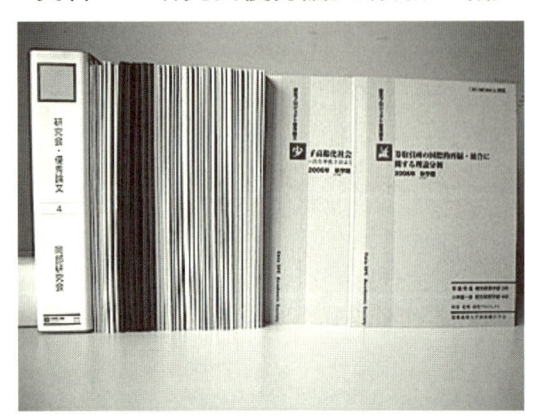

資料51　研究会優秀論文（合計48編）

した例を二つ挙げておきましょう。

　一つは写真（資料51）にあるような「研究会優秀論文」です。研究会優秀論文とは、教員が担当する一つの学部研究会につき最も優れた論文を1編だけ選定して湘南藤沢学会に教員が申請すれば、審査を経て同学会によって刊行される論文冊子のことです。研究会履修者の論文が優秀論文として刊行されるならば、本人にとって大きな名誉でありまた励みにもなります。このため、私はＳＦＣ着任以来、毎学期欠かさず優秀論文を選定して上記学会に刊行を申請してきました。こうして印刷された論文は、すでに48編を数えるまでになっています。

　また、こうして印刷された論文はすべてインターネット上でも公開し、全国（全世界）どこからでも論文全文（ＰＤＦ形式の文書ファイル）を読むことができるような仕組みを私のホームページに作ってあります。このため、学部学生の論文でありながら、全国の研究者によって読まれたり、引用されたりしているものも少なくありません。う

れしい限りですが、ここで強調したいのは、それよりもむしろ、このようなレベルの高い論文がなぜ継続的に生まれてきているか、です。それが可能となっているのは、研究会の上級生から下級生へ、そして先輩から後輩へと強い人間関係が維持されており、それを基礎としてこうした研究成果が生まれてきているからに他なりません。これはまさに、慶應義塾の「半学半教」という伝統、すなわち「先に学んだ者は学生であっても教師を兼ねる」という教育方針[22]を学生諸君が自ら実践してくれていることを意味しています。

　研究会における人的要素の重要性を示すもう一つの例は、私の研究会の「歴代履修者名簿」です。この名簿は、これまで私の研究会に所属したすべての履修者の氏名、住所、勤務先等の情報を掲載したものであり、1-2年に一度改訂しています。現在、218名がリストされています（これに2007年度春学期の新規履修者3名を加えた221名をもって岡部研究会の歴代履修者数が完結します）。この写真（資料52）

資料52　岡部研究会名簿：私の宝物

資料53　日本経済学会において岡部研究会の卒業生と再開（2007年6月、大阪）

　は昨年12月現在のものを示しています。この名簿は、私にとって宝物です。

　岡部研究会の卒業生は、国内の官民各分野のほか、海外で活躍するケース、あるいは研究者になっているケースも少なくありません。一例としてこの写真（資料53）をご覧ください。これは先月（6月）大阪で開催された日本経済学会（経済学関係では最大規模の学会）において、岡部研究会の卒業生4名と私が再開した時の様子です。この4名のうち2名は国内の大学の専任教員になっており、他の2名はそれぞれ米国のシカゴ大学、メリーランド大学で間もなく博士号を取得する見込みとなっています[23]。

　次の世代がこのように育っていることをみることほどうれしいことはありません。これは大学教員でしか味わえない特権だ、といえましょう。

5．結論とメッセージ

　以上、私が大学を卒業して以来、約40年間にわたる職業生活を振り返りました。そこで最後に、この経験を総括すると何がいえるのかを考え、それを踏まえて私が皆さんにお伝えしておきたいメッセージを述べたいと思います。全体を四つの項目に取りまとめます。すなわち（1）環境から受けた恩恵と感謝、（2）自分自身の成長、（3）普遍性の追求、（4）時の重要性、この四つです。以下、この順に説明します。

環境から受けた恩恵と感謝：ＳＦＣほど恵まれた環境はない
　第一は、私がこれまで置かれた環境からいかに大きな受けた恩恵を受けたか、そして私はそれにいかに感謝しているか、です。
　私にとってだけでなく、ＳＦＣというコミュニティに所属する方々全員にとって、これほど恵まれた環境はないのではないでしょうか。空の大きさ、四季の美しさ、池があり鴨たちが同居する自然の豊かさ、がまずあります。そしてここでは、多分野の教員が一体化したコミュニティを形成しており、同僚によって啓発される機会の多さ、開放性なども大きな特徴といえましょう。また、優秀かつ意欲的な学生、学部学生も利用できる共同研究室や学部学生のための研究資金の存在、教員と学生の距離の近さ（教員の個人研究室は他大学のように隔離された状況にないこと）も忘れてはなりません。さらに、献身的な事務スタッフ、教員と事務スタッフの一体感、といった点も見逃せません。要するに、教員にとっても、学生にとっても、ＳＦＣほど恵まれた環境はないと思います。

私がこれまで約14年間、気持ちよく、精いっぱい、そして楽しく任務が果たせたのは、何といってもこの環境のおかげです。この恩恵に対して私は心から感謝しています。

自分自身の成長：人はいつになっても成長できる

第二は、私は自分自身のことながら、おかげさまでこれまで色々な面で成長することができたという実感があり、この経験からいうと人はいつになっても（どのような年齢においても）成長できる、と確信するに至ったことです。

SFC着任当初のおぼつかなさと不安は、かなりものでした。SFCという全速力で走っている特急列車にあたかも途中から飛び乗ったような気分であり、気後れしていました。しかし、それ以来約14年間、自分でも当初予想しなかったほど成長できたのではないか、というのが実感です。

例えば、まず、自分自身の研究を進展させることができ、またその成果も概ね順調に刊行できたことです。そして、総合政策学に対する理解を深めることができたこと、さらに、大学教育に対して理解を向上させることができ、その理解に対して確信を持てるようになったこと、などを自分自身指摘することができます。

私ですらこのような実感を持つに至ったわけですから、私より格段に若い皆さんはこれから無限といってよいほど成長する可能性があります。そのことを忘れないでほしいと思います。

普遍性の追求：時代や地域を超えた価値の追求こそ大切

第三は、時代や地域を超えても変わらない価値、つまり普遍性の追

求こそがほんとうに大切である、ということです。

　まず大学では、自ら選んだ分野に関する専門的知識を習得することが不可欠です。学生諸君にはその努力がまず求められます。ただ、知識は必然的に陳腐化する運命にあります。諸君がいま学びつつある知識は、今から5年あるいは10年後には現実とかなりかけ離れたものになり、あまり役に立たないものになっているものも少なくないでしょう。したがって、大学でほんとうに身に付けるべきことは、時を経ても不変であり、またどんな社会でも、そして国際的にも通用する価値ないし力量なのです。

　それらには、すでに述べたとおり論理力、感性ないし情緒、論理力と感性を統合した力量ともいえる直観（物事の本質を見抜く力）、日本語を正しく使う力、規律ある生活態度、などが含まれます。それらを身に付けることは、学生個人にとって必要であるだけでなく、社会からも求められ、また社会全体としても必要なことです。本日皆さんに配布した書籍『大学生の条件　大学教授の条件』においては、私が大切だと考える合計15の項目を挙げ、それぞれに関する私の考え方を述べたので、ぜひ一読してください。ここでは、それらのうちとくに一つだけ取り上げておきたいと思います。

　それは、インテグリティ（integrity）、日本語でいえば誠実さです（資料54）。インテグリティとは、端的にいえば言葉と行動が一体化していることです。口で言うことと、実際に行うことが乖離していない状況です。そして、他人が見ていようが見ていまいが、それを貫くことを意味しています。すでに述べたプリンストン大学の試験監督なしで筆記試験を行う宣誓制度（honor system）は、インテグリティを基礎として成立した制度の好例です。

> **資料54　インテグリティ（integrity、誠実さ）**
>
> ―言葉と行動の一体化。ひとが見ていようが見ていまいがそれを貫くこと
>
> ―個人はもとより、組織についても妥当する原則（organizational integrity）。勉学でも重要（academic integrity）
>
> ―いま日本の組織に欠如。ＳＦＣ運営でも念頭におくべき
>
> ―国際性のある価値。国際連合は三つの基本的価値を掲げているが、その第１番目がこれ：
> 　　1）誠実さ（integrity）
> 　　2）専門的能力（professionalism）
> 　　3）多様性の尊重（respect for diversity）

　こうしたインテグリティという考え方は、個人についてはもとより、組織についても妥当する重要な原則です。その場合は組織のインテグリティ（organizational integrity）と称されています。また勉学においても重要であり、その場合には学問上のインテグリティ（academic integrity）と呼ばれています。

　例えば、ＳＦＣでも時々問題になることですが、インターネット上の他人の論文やレポートをそのままコピーして自分が書いたレポートとして提出したり、あるいは期末の筆記試験においてメモを不正に持ち込むとか他人の答案をのぞきこんだりすることは、インテグリティに反する行動です。そのような対応によってレポートや試験の得点を引上げたとしても、それに何の意味もないどころか、そうした行動をする個人は人格を大きく損なうことになるのです。諸君は、大学生活においてこのことを忘れず、インテグリティを伴った人だといわれるようになってほしいと思います。

いまの日本をみると、残念ながら各種の組織においてインテグリティの欠如が目立ち、とくに企業による各種の虚偽行為が繰り返し新聞やテレビで報道されています。こうした出来事をなくすには、まず個人としてインテグリティの重要性を深く認識することがその出発点になります。ＳＦＣというコミュニティの運営に際しても、対外的だけでなく対内的にも言動を一致させ、インテグリティを高めることが引き続き課題であると思います[24]。

　インテグリティは、国際性のある価値でもあります。これは私の海外での勤務経験から体験的にいえることです。また、代表的な国際機関である国際連合では三つの基本的価値を掲げていますが、その第一番目としてまさにそれがうたわれています。国連における三つの価値とは、誠実さ（integrity）、専門的能力（professionalism）、そして多様性の尊重（respect for diversity）であり、国連の幹部職員を全世界から公募する場合、この三つを充足する人であることを強調しているのが印象的です。

時の重要性：すべてのことには時がある

　最後に第四として、時の重要性、つまりすべてのことには時がある、ということを述べたいと思います。

　「この世の中のすべての活動には最もふさわしい時期（season）があり、すべてのことには時（time）がある。生まれるべき時があり、死ぬべき時がある。泣くべき時があり、笑うべき時がある。沈黙を守るべき時があり、口に出して言うべき時がある。」これは2000年前のある書物に書かれている箴言です。

　私自身についていえば、ＳＦＣで教育、研究、組織運営といった職

資料55　そして最後に

―意欲あふれる諸君の成長とＳＦＣの発展を確信。

務に取り組む場合、何を差し置いてでも行わねばならないことは何なのかをその時々で見極め、遂行してきたつもりです。そうした対応をすることによって、実際行うことができたことがある一方、行うことができず見送らざるを得なかったこともあります。しかし、そう対応してきたことに、何ら後悔はありません。

　学生諸君の場合、この４年のうちにしかやれないことがあります。そして今年しかやれないこと、いな今学期しか、あるいは今週しかやれないことがあるはずです。それには様々なことが含まれますが、本気で勉強すること、ほんとうの夢を見定めること、そしてそれらのための行動を起こすこと（アクション）、が大切です。

　大学時代の４年間は人生で二度とない貴重な４年間です。精一杯努力し、生きてほしい。私の経験からいっても、その努力は必ず報われるし、努力をすれば予想しない高みまで導いてくれるものです。意欲

あふれる諸君の成長、そしてＳＦＣの発展を私は確信しています。
　ご清聴ありがとうございました。

注

1）われわれが「おかね」をいくら持っているかを考える場合、単に手元の現金だけでなく銀行等に預けてある預金（いつでも現金化できるので現金と同様に考えることができる）の額も併せて考えるのが通常です。このことから分かるように、通貨は、一般に現金通貨と預金通貨からなっていると理解できますし、またそう考える必要があります。
2）日本銀行は、組織的には資本金１億円を持つ法人です。しかし、資本金は株式発行によるのではなく出資によると規定されており、また資本金の55％以上は政府からの出資であることが法律上要請されています。さらに一般の株式会社にみられる株主総会に該当する機関は存在せず、組織運営の目標も公的なものであることが種々規定されるなど、通常の株式会社とは色々な面で当然大きく異なっています。
3）中央銀行の金利操作（政策金利の引上げまたは引き下げ）は、物価上昇率、経済成長率の二つの変数の動向によってほぼ説明できる、という研究結果があります（その関係式はテイラー・ルールと称されています）。しかし、それはあくまで事後的にみた平均的な統計的関係であり、二つの変数の動向だけをもとに個々の時点で事前的に金利操作を決定することには無理があるといわざるを得ません。なお、テイラー・ルールについては、拙著『環境変化

と日本の金融』499-502ページを参照してください。
4）この表現は、イギリスの金融学者ホートレー（R. G. Hawtrey）が1932年に刊行した著書の表題として使用したことから、その後、一般化しています。
5）全世界のビジネススクールの評価ないしランキングについては「雑談――ペンシルバニア大学のウオートンスクール」、拙著『私の大学教育論』（190-192ページ）で述べたので、それを参照してください。
6）アイビーリーグに属するのは、ブラウン大学、コロンビア大学、コーネル大学、ダートマス大学、ハーバード大学、ペンシルバニア大学、プリンストン大学、イエール大学の東部8大学です。いずれも米国における名門大学とされています。
7）この経験は、大学生へのメッセージとして「リスクを取らねば成長はなく充実感も生まれない」という表題で拙著『大学生の条件 大学教授の条件』（67-74ページ）に記載しました。
8）米国の大学ランキングに関して最も頻繁に引用される *U. S. News and World Report* 誌（2005年8月刊行）では、プリンストン大学とハーバード大学が同点1位にランクされています。しかし、その翌年版（2006年8月刊行）ではプリンストンが僅差でハーバードを抜いて単独トップに立ち、ごく最近刊行された版（2007年8月刊行）でも前年同様の判断が示されました。ちなみに、最新版におけるベストテンは、1位プリンストン、2位ハーバードのあと、3位イエール大学、4位スタンフォード大学、5位ペンシルバニア大学、6位カリフォルニア工科大学、7位マサチューセッツ工科大学、8位デューク大学、9位シカゴ大学およびコロンビア大学の2校（同点同順位）、となっています。
9）詳細は「米国プリンストン大学の学部教育――その理念・制度的特徴・ＳＦＣへの示唆――」、拙著『私の大学教育論』（22-83ページ）をご覧ください。
10）私のシドニーに対するこうした思いは「ラッキー・カントリーと豊かさ」、拙著『シドニーから湘南藤沢へ』（26-35ページ）として綴りました。
11）William McLeery (1986) *Conversations on the Character of Princeton*,

Princeton University Press. この書物はプリンストン大学の学部教育がどのような点で本質的に優れた面を持つかが関係者によって語られており、大学の学部教育のあり方を考える場合たいへん示唆に富んでいます。

12) 大学学部レベルの授業においてパワーポイントを用いるのがなぜ望ましくないかについては「最適授業メディア私論」、拙著『大学教育とＳＦＣ』(28-36ページ)にやや詳しく書きました。

13) 時間の効率的活用に関する私のこうした考え方は「順序――緊急性はないが重要性の高いことに重点を置く」として拙著『大学生の条件 大学教授の条件』(60-66ページ)でやや詳しく述べました。

14) 岩田一政氏が書いてくださった長大な書評は、日本金融学会編『金融経済研究』第18号（2002年3月）102-106ページを参照してください。

15) 加藤寛『慶應湘南藤沢キャンパスの挑戦――きみたちは未来からの留学生――』東洋経済新報社、1992年、107-110ページ。

16) 井関利明「デジタル・メディア時代における『知の原理』を探る」、井上輝夫・梅垣理郎（編）『メディアが変わる 知が変わる――ネットワーク環境と知のコラボレーション――』有斐閣、1998年、3-40ページ。

17) 鵜野公郎「学部展望：総合政策学部」、慶應義塾大学『Calamvs Gladio Fortior』1998年、127-133ページ。

18) 小島朋之・岡部光明「『総合政策学の最先端』全4巻の刊行にあたって」、岡部光明（編）『総合政策学の最先端Ⅰ』慶應義塾大学出版会、2003年、i-xiページ。

19) 学部学生と私による共著論文は下記の三つであり、いずれもＳＦＣ大学院21世紀COEプログラムのワーキングペーパーとして印刷されています：（1）岡部光明・藤井恵「日本企業のガバナンス構造と経営効率性：実証研究」第34号、2004年、（2）岡部光明・光安孝将「金融部門の深化と経済発展――多国データを用いた実証分析――」第69号、2005年、（3）岡部光明・関晋也「日本における企業M&A（合併および買収）の効果――経営の効率化と安定化に関する実証分析――」第107号、2006年。

20) この点は「美しさの追求」、拙著『大学教育とＳＦＣ』22-27ページにおいて論じました。

21) この図の出典は、Daniel Kahneman（2003）"Maps of bounded rationality: Psychology for behavioral economics," *American Economic Review* 93（5），Decemberです。この図は、心理学と経済学を統合する業績によってノーベル経済学賞を受賞した米プリンストン大学カーネマン教授がノーベル賞受賞講演で提示したものです。

22) 慶應義塾におけるこの伝統に関しては「半学半教――慶應義塾の伝統」として拙著『私の大学教育論』182-183ページで述べました。

23) 左から順に、隅田和人（金沢星稜大学）、松村音彦（米メリーランド大学）、鷹岡澄子（成蹊大学）、俵典和（米シカゴ大学）の各君、そして岡部です。

24) ＳＦＣはこの点で従来から改善の余地があることを私は従来から述べてきました。例えば「ＳＦＣの先進性とインテグリティ」『大学生の条件 大学教授の条件』（169-178ページ）で記述したほか、学部長候補者によるパネル討論会においてＳＦＣ全教員の皆さんを前に二度にわたって意見を述べました。後者の２回の意見陳述は「先端性の維持、組織のインテグリティ確立」および「学部教育理念の明確化、組織のインテグリティ強化」として『私の大学教育論』（141-147ページおよび148-153ページ）に収録しました。

付1

When I was young[1]

大学3年生のころの写真。帰省や旅行の時にはたいていギターを携えていた。

岡部光明

教壇で、魅力ある講義をしているあの教員は
どんな人なのだろう。学生が教員と接触する機会は
そうたびたびあるわけではない。しかし、そんな教員にも若かりし頃
学生だった時代があった。どのような学生時代をすごしたのか。
当時の経験がその後の人生にどのような影響をあたえたのか。
この連載では、学生時代の体験を中心に、教員たちの人生の
ターニングポイントを探る。連載第24回の今回は
岡部光明 総合政策学部教授に話を聞いた。

---

1) 以下は、慶應義塾大学湘南藤沢キャンパス『ＳＦＣレビュー』34号（2007年7月刊行）の記事を湘南藤沢学会から許可を得て転載したものです。

SFCに来て、僕の大きな夢がかなった

勉強することが仕事だった学生時代

　私の学生時代は、勉強が中心でした。英語クラブの活動や旅行、家庭教師のアルバイトなどもやっていましたが、やはり勉強が一番重要だと考えていました。それは、人生に二度とない自由な時間を、最大限有効に使おうと考えていたからです。また、私は将来国際的に活躍したいという思いも持っていました。常日頃から、アメリカの大学生は猛烈に勉強するということを聞かされていたので、彼らと競争できる力をつけていかなければならないと考えていたわけです。

　それから、本を読むことにもずいぶん時間を費やしましたね。大学時代の最後の春休みには、40日かけてイギリスの経済学者、アダム・スミスの900ページに達する『国富論』を原書で読み通しました。また、経済学部のゼミ仲間との勉強会や、法学部の人たちを中心とした外交官になるための勉強会にも参加していました。その仲間たちは、現在大使や県知事として活躍しています。

真理の追究、正しいことの追究、美しさの追究を！

　私の今の専門は金融論・日本経済論ですが、大学に入った当初は社会学や数学などに興味を持っていました。でもしだいに、数学を使うことによって学問的な純粋さを突き詰められる経済学を勉強したいと思うようになったのです。その中でもとくに、理論が美しく、非常に奥深い面がある金融に興味を持ちました。金融論の中心的なテーマは「What is money ?」つまり、お金とはいったい何なのかということです。誰が、なんのために、こんなものを作っているのか、どうして

これが流通しているのか、などの究明です。

　大学ではそういった社会の根本的な仕組みを勉強するのが非常に重要だ、というのが私の考えです。真理の追究、正しいことの追究、そして美しさの追究、こういったものが大学の勉強の中心になるべきだと思います。

20年間の勤務で得たもの

　大学卒業後は、大学院へ進学するかどうかで悩みましたが、最終的に日本銀行へ就職しました。そして20年あまりの勤務を経て、教育の現場に移りました。その実務経験は現在の授業にも活かせていると思います。

　いろいろな学問や事柄には、「難しいこと」と「易しいこと」がありますが、難しいことを難しく説明するというのは簡単なことです。しかし、難しいことを相手が分かるように易しく説明するというのは、非常に難しい。私がいた日銀の金融研究所は、「為替相場はどのように決まるのか」などの難しい理論の研究をしているところです。研究結果を役員会に提示して「円相場はこのように決まります」などと説明するのですが、そこでは難しい専門用語を並べて説明しても分かってもらえないんですよね。だから平易な言葉を使って、分かりやすい説明をしなければならなかった。

　難しいことを易しく述べるというのは、努力しなければなかなかできるようにならないことですから、それができるようになったのは実務で鍛えられたおかげだと感謝しています。

「大学生の条件」

　ＳＦＣ生には、ずっと夢を持ち続けてほしいと思っています。夢がないのに何か大きなことが達成できるということはありえません。夢はわれわれを思いもかけない遠いところまで運んでくれ、その結果、夢が実現する。これが、私が今までの経験から得た信念です。私は学生時代、夢を二つ持っていました。

　一つはアメリカの大学へ留学すること。田舎育ちの私にとって、アメリカはいろいろなものが輝いて見える国でしたから、そういうところの大学にぜひ行きたいと思っていました。この夢は高校時代と大学時代、そしてさらに日銀に就職してからも留学の機会があったので、叶えることができました。

　もう一つの夢は、大学の先生になること。私の周囲には大学を卒業した人があまりいなかったので、私にとって大学は、はるか彼方の高みにある素晴らしいところでした。その憧れの場で教育にたずさわるという夢もいま叶いました。ＳＦＣは私の夢の実現に一役かってくれたわけです。

　また、皆さんには「インテグリティ」の大切さを理解してほしいですね。インテグリティとは正直さ、誠実さという意味ですから、インテグリティを大切にするということは、言葉と行動を一致させるということです。人が見ていようと見ていまいと、常に誠実である、そういう学生になってほしいと思います。

　そして、すべてのことには最もふさわしい時がある、ということも意識してほしい。これを大学生に当てはめて考えてみると、大学での四年間は自分の好きな勉強をできる時ですから、勉強こそ大学の四年間でやるべきことだというのが私の考えです。

私の著書『大学生の条件　大学教授の条件』の中にも皆さんへのメッセージが書いてありますので、ぜひ読んでみてください。

岡部光明
（おかべ　みつあき）

総合政策学部教授 兼政策・メディア研究科委員。
東京大学経済学部卒業。日本銀行に20年以上勤務したあと、プリンストン大学をはじめ米国や豪州の大学で教鞭をとり、1994年ＳＦＣに着任。専門は金融論、日本経済論。博士（政策・メディア）。著書に「日本企業とＭ＆Ａ」、「総合政策学」（共編）などのほか『私の大学教育論』など教育関係の書物も3冊ある。

付2

岡部研究会の14年間[1]

　岡部研究会を卒業された皆さん、そしていま岡部研究会に在籍中の皆さん、こんばんは。

　週末の夜にもかかわらず、本日は関東一円の都市から多くの諸君が集まってくださっただけでなく、それ以外の都市（浜松、甲府、長野、名古屋、大阪）や海外（香港）からもこの会合のためにわざわざ多くの卒業生諸君がこの会場に駆けつけてくださり、ほんとうにありがとう。また、在校生の皆さんは、たぶん学期最後のレポート作成に追われている時期であるにもかかわらず、その時間を割いてここに集合してくださり、そしてこの会の準備をしてくださり、ありがたく思います。

　今回の同窓会は、初回から数えて4回目になりますが、とくに私の慶應義塾退職記念のリユニオン（同窓会）ということで、出席者の合計が何と77名という驚異的な数になりました。ほんとうにうれし

---

[1] 以下は、岡部研究会の卒業生および在校生の同窓会の会合（2007年7月28日、横浜ベイシェラトンにて開催）においてその冒頭で行ったあいさつです。

く、感激しています。77名の内訳は、卒業生が51名、在校生が26名であり、参加者総数はこれまでのリユニオンのなかで断然トップの人数です。単にリユニオンというよりも、「グランド」リユニオンと呼ぶにふさわしい会合になりました。

世話役等への謝辞

　この記念すべきグランド・リユニオンが実現したのは、多くの方々のおかげであり、私は関係された方々に深く感謝しています。まず岡部研究会にいま在籍中の皆さんは、この春先以降、自発的にこの会合を企画し、ほぼ全員が分担して色々な準備を心をこめてしてくださいました。とくに風岡宏樹君（4年生）、堀江恵理子さん（4年生）、そして今日の司会役の鈴木麻里絵さん（4年生）の3名は、去る4月30日に私の部屋にこられて今回の会を提案してくださるとともに、それ以降、企画推進の責任者として周到な準備をしてくださいました。

　一方、卒業生の皆さんからも、様々なご協力をいただいたと聞いています。とくに隅田和人君（1997年3月卒業）、鈴木卓実君（2003年3月卒業）、関晋也君（2007年3月卒業）からは各種アドバイスを受けたほか、私が退職する段階で岡部研究会同窓会を是非やるべきだ、といって現役の皆さんの背中を強くプッシュしてくださったようです。また卒業生のなかは、この会のために多額のご寄付をくださった方も多く居られるとのことです。感謝にたえません。そして何より、今夜ここに出席してくださっている皆さん一人一人に対して、私は心から感謝いたします。

　ＳＦＣにおける岡部研究会の歴史は、この春学期をもって閉じることになりました。そこで本日は、まず第一に岡部研究会の総括をした

いと思います。第二に、なぜいま私がＳＦＣを退職することになったのか、9月から何をするのかについてお話します。第三に、ＳＦＣの近況を簡単に報告します。そして最後第四に、私の近況をまとめるという意味で三つのことに言及したい。

１．岡部研究会14年間の総括

　私がＳＦＣに着任して以来、岡部研究会がどのように展開してきたかを私自身整理する意味で振り返ってみました。それをまとめたのがいまから配付する１枚紙です。経済や金融の理解においては、統計をもとに実証的に議論することが大切である、ということを常々述べているので、研究会を総括する場合もその精神をもってこのように数字でまとめてみました（次ページの表を参照）。

　私の研究会は、ＳＦＣに着任した1994年度春学期にはじめて開講されました。開講当初の履修者は、研究会１（金融研究）がわずか３名、研究会２（日本経済研究）が７名で合計10名でした。その後、幸いにも履修者数が次第に増え、ことし春学期は合計24名（研究会１が11名、研究会２が13名）と近年は20名ないし30名で推移しています。この結果、これまでの岡部研究会履修者数は、累計221名にも達しました（昨年秋に発行した履修者名簿に記載の218名に加え、ことし春学期の新規履修者３名を加えると221名になります）。

　また、当研究会が当初から学期毎に履修者に義務づけているタームペーパー（学期論文）は、その数が合計342編にも達しました。この数字は、「研究論文概要集」（1998年度春学期以降刊行してきた合計16冊）に論文要旨が掲載された分の合計であり、このほか、「概要集」刊行前の４年間に執筆されたものもこれ以外に当然ながら相当数あり

岡部研究会14年間の総括

1．履修者数　　　　1994年度春学期　　研究会１（３名）
　　　　　　　　　　　　　　　　　　研究会２（７名）　合計10名

　　　　　　　　　2007年度春学期　　研究会１（11名）
　　　　　　　　　　　　　　　　　　研究会２（13名）　合計24名

2．履修者数の累計　　221名　　　　　（履修者名簿記載の218名＋
　　　　　　　　　　　　　　　　　　2007春学期新規３名）

3．執筆タームペーパー　342編　　　（「研究論文概要集」全16冊に
　　　　　　　　　　　　　　　　　　要旨が掲載された分。このほ
　　　　　　　　　　　　　　　　　　か、「概要集」刊行前の1997
　　　　　　　　　　　　　　　　　　年度秋学期以前に執筆された
　　　　　　　　　　　　　　　　　　ものが多数ある）

4．研究会優秀論文　　50編　　　　　（湘南藤沢学会により刊行さ
　　　　　　　　　　　　　　　　　　れた論文。今学期予定の２編
　　　　　　　　　　　　　　　　　　を含む。すべてウエブ上に掲
　　　　　　　　　　　　　　　　　　載）

5．大学院刊行論文　　３編　　　　　（研究会タームペーパーを岡
　　　　　　　　　　　　　　　　　　部と共著化して大学院のワー
　　　　　　　　　　　　　　　　　　キングペーパーとして刊行さ
　　　　　　　　　　　　　　　　　　れた論文。ウエブ上に掲載）

6．卒業生同窓会　　　４回開催

　　　　第１回　2000年11月25日　　横浜リトルキャット　　34名
　　　　第２回　2004年11月６日　　横浜エクセル東急　　　42名
　　　　第３回　2005年11月29日　　六本木ラサラ店　　　　47名
　　　　第４回　2007年７月28日　　横浜ベイシェラトン　　77名

7．最後のメッセージ　最終講義　　　ビデオ録画（90分）を岡部ホー
　　　　　　　　　　　　　　　　　　ムページに掲載

ます。これらのタームペーパーのうち、当該学期に最も優れた論文と判断されたものは、湘南藤沢学会から「研究会優秀論文」として刊行されています。その合計は、今学期の2編を含め50編にもなりました。

　これらの優秀論文は、各論文ともすべてウエブ上に全文が掲載されており、全国の研究者によって読まれています。たとえば、先般ある研究書を読んでいたところ、そこに何と岡部研究会の優秀論文（山本洋輔・大井暁道両君が1999年に書いた設備投資決定要因についての実証分析）が引用されていることを見つけ、たいへん驚いた次第です。学部学生の論文がこのようにして専門の研究者によっても引用されることは、とてもうれしいことです。

　また、学術的に先駆的と思われるタームペーパーは、それを全面的に加筆修正して私との共著論文に仕上げ、それを大学院（政策・メディア研究科）が刊行している「総合政策学ワーキングペーパー」という論文シリーズに投稿して刊行してきました。そうした論文は、すでに3編あります（共著者は藤井恵、光安将孝、関晋也の3君）。

　一方、岡部研究会の卒業生同窓会は、今回を含めこれまで4回開催されました。第1回目は2000年11月、横浜のイタリアレストラン（リトルキャット）で開催されました（幹事は2000年3月卒業の山内賢太郎君）。この会への出席者は34名でした。第2回は2004年11月横浜（エクセル東急ホテル）で開催され、42名の出席がありました（幹事は藤原（現伊藤）史義、光安将孝、千野剛司の3君）。第3回は、2005年11月、場所を東京（六本木ラサラ店）に移して開催し、出席者は47名でした（幹事は関晋也、鈴木麻里絵の両君）。そして第4回目が本日の同窓会であり、ここには、先ほど言及したように77名という従来にない多数の皆さんが出席してくださっています。

ところで、岡部研究会在籍中の皆さんを含め、ＳＦＣコミュニティ全体に対する私の最後のメッセージは、私の最終講義（さる７月４日に実施）において述べました。そこでは、私がＳＦＣに在籍した14年間を含む職業生活40年を振り返るとともに、それをもとにして幾つかのメッセージを伝えることを意図して実施しました。幸いその講義（90分間）は湘南藤沢学会によってビデオ収録されました。そして今朝、それを私のインターネット上のホームページに石関芙美子さん（４年生）が掲載してくれました。興味ある諸君はどうぞご覧ください。

　また、岡部研究会の活動についての写真集（合宿、卒業式等）も、かつて小林龍一良君（４年生）が手塩をかけてウエブ上に作ってくれたので、まだご覧になっていない方は是非みてください。なつかしい写真がでており、それには諸君自身が写っている場合も多いと思います。なお、私のホームページは「岡部光明」でグーグル検索すれば容易に見つけることができます（検索すれば合計約11,000件ヒットしますがその第１番目にホームページが出てくるように仕組んであります）。

２．なぜいま慶應を退職するのか、９月から何をするのか

　私は、ことし８月末をもって慶應義塾を退職します。定年退職の時期までまだ２年弱ありますが、定年を待たずにＳＦＣを去ることになりました。従来の整理方式に従って「その理由は三つあります」という風に言いたいところですが、ここでは「二つの要因によるものです」ということにします。すなわち、経済学を研究する者として、一つは需要要因、もう一つは供給要因ということにします。

まず需要要因としては、明治学院大学国際学部が幾つかの条件を満たす専任教員を一人、広く探していたことが挙げられます。その条件とは（1）日本経済論の講義を担当できること、（2）Contemporary Japanese Economy の講義（英語による日本経済論）を担当できること、（3）博士学位取得者であり十分な研究業績があること、（4）講師や助教授ではなく教授として就任できること、（4）教育熱心であり学務・校務も積極的に担えること、でした。紆余曲折の末、私がこのポストの候補者の一人としてリストに載ることになったわけです。

一方、供給要因としては、私自身、定年前に慶應を辞すことはそれまで全く考えていませんでしたが、もしこのポストが与えられるならば主観的にみても客観的にみても引き受けてもよいのではないか、という判断をするに至りました。

なぜなら、第一に、ＳＦＣでは、現代金融論の研究を一応まとめることができた（『現代金融の基礎理論』および『環境変化と日本の金融』を刊行した）うえ、多くの教員と共同で進めてきた総合政策学の構築作業もひと区切りついた状況にあったからです。第二に、もし機会が与えられるのであれば、いまから新しい任務に積極的に挑戦してみてもよいのではないか（しかもそれはこれまでの経験を完全に活かせる任務である）、と考えたからです。そして第三には、明治学院大学に何か運命的なものを感じるとともに、同大学にたいへん魅力を感じ、もしそこに所属することができるのであれば何と幸いなことか、と思ったためです。

私にとっての明治学院大学の魅力

明治学院大学は、1886年に（つまり今から約120年も前に）創立さ

れた歴史ある大学です。本部は東京（港区白金台）にあります。創立者はヘボン（James Curtis Hepburn, 1815-1911）です。ヘボンは、米国の長老派教会系の医療伝道宣教師ですが、それよりもむしろ日本語のローマ字表示における「ヘボン式ローマ字表記法」（パスポートへの表記は原則としてヘボン式によることが要請されているように国際的標準としての表記法）にその名を残していることでなじみ深い人物です。

　余談ですが、ヘボン（Hepburn）はヘップバーンと同じです！　映画「ローマの休日」の主演女優オードリー・ヘップバーン（Audrey Hepburn）、さらには映画「旅情」の主演女優キャサリン・ヘップバーン（Katharine Hepburn）のヘップバーンは、英語綴りがヘボンと全く同じです。Hepburnという言葉が、明治時代の日本人にはヘボンと聞こえ、より最近の日本人にはヘップバーンと聞こえたわけであり、それがこのように二つの日本語になっているのは、なかなか興味深いことではありませんか。

　このような明治学院に私は三つの不思議な縁を感じています。第一は、創立者ヘボンが学んだ大学は米国のペンシルバニア大学とプリンストン大学という二つの大学である一方、私にとってもこの二つの大学は、そこで学んだないし教壇に立ったという意味で最も縁が深い二つの大学であることです。

　第二は、私の高校時代における英語の勉強は、学校での英語の時間のほかはもっぱらNHKラジオの「英語会話」という番組（朝6時15分から6時30分までの15分間）でしたが、その講師が明治学院大学の松本亨教授という方であったことです。米国で教育学の博士号を取られた松本先生は、実に流ちょうな英語を話されるだけでなく、たいへ

ん熱意を込めてこのラジオ番組を担当しておられることが聴取者にも伝わってきました。自分もあのように英語が上達したいと思うとともに、明治学院大学にはこのような素晴らしい先生がいられることかと、あこがれを抱いたわけです。

　第三は、明治学院の建学の精神である「人のためにしなさい（Do for Others）」に共鳴することが大きいことです。「人にしてもらいたいことは、あなたがそれを人に対してしなさい」（Do for others what you want them to do for you）というのはいうまでもなくキリスト教の精神であり（『新約聖書』マタイによる福音書7章12節）、それを創立時以来掲げていることに私は強く魅かれます。

　最近では「自分のためになることしかしない。他人のためになることをする場合にもそれが何らかのかたちで明確に自分のためになることしかしない」という悲しい風潮が強まっています。これは世間一般についていえるだけでなく、ＳＦＣの中でもそういう考え方が次第に台頭しているように私には思えます。残念なことです。また、最近は社会科学の分野においても、人間の行動はそのようなものである、とする考え方に立脚した研究が主流になっているように見えます。たとえば、近年のミクロ経済学では、多くの場合、インセンティブ（誘因、報酬期待）が一つの基本的概念に据えられており、人間は自己の利益になるようにしか行動しないという単純化がなされています。これは相当誤った単純化であり、したがってその理論から導かれる結論には大きな限界がある、というべきでしょう。

　人間にはそのような面があることは確かですが、社会や組織を構成するのがそういう人ばかりになれば、社会や組織がうまく動かなくなります。人には金銭的動機、あるいは損得、といったこと以外にも

様々な行動動機があります。とくに、人は誰にもその与えられた使命（mission）があります。その使命の達成は高貴なことであり、使命に向かう場合のエネルギーあるいは充実感は、単に金銭的動機で説明できるものではありません。この意味で、明治学院の「人のためにしなさい」という建学の精神（精神性の高さ）に私はことさら魅かれるわけです。

今度就任することになった明治学院大学のポストは、上述したように同大学側の需要要因と私自身の供給要因がマッチした結果だということができます。後で聞いたことですが、このポストには43名の候補者があり、その中から幸いにも私が選ばれて就任することになったとのことです。また、このポストは従来著名な経済学者が就いてきた由であり、初代は都留重人氏（元一橋大学学長）、第二代は宮崎義一氏（京都大学名誉教授）、第三代は竹内啓氏（東京大学名誉教授）であり、私は竹内氏のあとを務めるというかたちになります。

今回の私にとっての新しい道に関する話は実は2年前からあったものですが、私が自分でそれを探し出したものではありません。多分、人智を越えた大きな力が働いた結果、私の新しい道がこのように準備されてきたのではないかと考え、私はその呼びかけに応えて行くつもりです。

なお、明治学院大学の国際学部のキャンパスは横浜市戸塚区にあり、ＳＦＣからさほど遠くありません。私の研究室は8月下旬に移転する予定ですから、その後、皆さんに機会があれば私の新しい研究室をどうぞ訪問してください。

9月から何をするのかというと、秋学期には「日本経済論」（週2コマ）と「Issues in Contemporary Japanese Economy」（週1コマ）

の二つの授業を担当します。ゼミの新規開講は4月だけに限られているので、秋学期に私が担当するゼミはありません。しかし、来年春学期からは2年生用ゼミ、3年生用ゼミ、4年生用ゼミの3つのゼミ、そして1年生用の「基礎文献購読」という授業も担当する予定です。

　SFCとの関係をいえば、規定により残念ながら岡部研究会を継続開講することができません。ことし秋学期だけは何とか開講できないかと学部長をはじめ関係の方々にも検討を依頼しましたが、それは不可能との結論でした。岡部研究会4年生の諸君の最後の学期は何としても私がケアをし、卒業論文を仕上げるまで見守りたいと思いましたが、それができなくなりました。私としてはまさに断腸の思いであり、4年生諸君に対してほんとうに申し訳なく思っています。この点は早く3月の段階で皆さんに説明したとおりです。すでに4年生諸君の多くがそうしているように、必要に応じて私が手助けするかたちで他の研究会に移るなどの対応をし、そこで卒業論文を仕上げてください。

　なお、SFC大学院では、大学院生（博士課程および修士課程）数名の指導を継続する必要があるため、9月以降は非常勤講師として関与します。大学院プロジェクト科目が開講される水曜日3限目には時々SFCに来校しますから、何か相談等があれば連絡してください。

3．SFCの近況

　SFCの近況をごく簡単にお知らせしておきましょう。第一に、学部長の交代がありました。総合政策学部では、6年近く任務にあった小島朋之学部長のあと阿川尚之教授（米国憲法の専門家）がさる6月に新学部長に就任しました。環境情報学部長については、多少タイミングがずれますが、きたる10月に富田勝教授から徳田英幸教授へのバ

トンタッチが予定されています。この間、一般教員も世代交代が次第に進んでおり、新しく着任された方の中にはまだ面識のない方も何人かいる状況です。なお、経済系の教員は、ここ数年、ＳＦＣからの退職が相次ぎましたが（竹中平蔵、鵜野公郎、森平爽一郎の各教授、そして岡部）、その後任教員が補充されないままとなっています。ＳＦＣの戦力を落とさないため早急に補充されることを期待しています。

　第二は、履修カリキュラムがさる４月から全面改定されたことです。ＳＦＣ創設以来三度目の大改定になります。カリキュラムの構造が大きく変った（学年別は廃止された）ほか、ほとんど全科目にわたって科目名が変更されています。ちなみに、私が従来担当してきた「金融経済論」は「現代金融論」という名称になりました。その他にも創造、先端、開拓、発見、実践、融発（今回の造語）など、多数の新しい区分概念で全体が構成されていますが、正直いって私は全体像がまだ十分頭に入っていません。大きな変更の一つは、卒業論文（科目名としては卒業製作）が卒業にとって必須になったことです。これは今年の新入生から適用されるわけであり、その影響は次第に明らかになってくることでしょう。

　第三は、文部科学省COE（Center of Excellence）プログラムに基づくＳＦＣでの研究がことし最終年度（５年目）を迎え、その研究成果がまとまって見える形になってきたことです。まず、総合政策学とはどんな学問かについては、書籍『総合政策学』（大江守之・岡部光明・梅垣理郎共編、慶應義塾大学出版会）として昨年出版しました。また、参加者（教員および博士課程大学院生）の研究成果は、ワーキングペーパー（初期段階論文）としてすでに127冊刊行されています。これらを含めた全体としての成果は、来年１月に予定されている国際

シンポジウムで総括的に発表されることになっています。

4．私の近況報告：三つのことを通じて

　最後に、私の近況をお知らせするという意味で三つのことに言及しましょう。第一は、昨年秋に『私の大学教育論』という書物を刊行したことです（慶應義塾大学出版会）。ここには、従来から研究会の場などにおいて諸君に述べてきたことがらを数多く採録しています。卒業生諸君にとっては、なつかしく感じられることがらも少なくないと思います。そうしたことがらに加えて、大学教育のあり方について私の考え方を率直に、そしてできる限り具体的かつ明確に述べています。本日のパーティに参加してくださった皆さんは、この会合終了後に一人一冊づつお持ち帰りいただけるよう手配しましたから楽しみにしておいてください。

　第二は、これも書物の話ですが、さる５月に『日本企業とM&A』という本を刊行したことです（東洋経済新報社）。これは約400ページの大きな書物であり、三つの意味において私のＳＦＣにおける任務の総まとめになっている、と自分では考えています。すなわち、第一に、本書はこれまでに刊行した書物の中核部分を要約するかたちで取り込んであることです。第二に、テーマについて各学問領域の概念や成果を自由に援用するとともに、現代社会における最先端のトピック（企業のM&A）も含むという意味で総合政策学的な研究になっていることです。そして第三に、本書には単に私一人の研究成果を含むだけでなく、いわば私の教育面での成果も含まれていること（具体的には先に述べた岡部研究会に在籍した３君の学部学生時代の研究論文で私との共著にした論文をほぼそのまま採録していること）です。私が謹呈

書名したこの書籍を本日10冊持参したので、希望者に差し上げたいと思います（希望者多数の場合は抽選）。

　第三は、私のＳＦＣにおける最終講義「日本経済と私とＳＦＣ──これまでの歩みとメッセージ──」をさる7月4日に行なったことです。「マクロ経済1」の最終回授業（90分）をこれに充てて実施したところ、この授業の履修者だけでなく一般学部学生、大学院生、同僚教員、さらには岡部研究会の卒業生諸君（10名）も含め、合計約200人の方々が聴講してくださいました。私は、その機会にＳＦＣでの14年間を含むこれまで40年間の職業生活の振り返るとともに、そこから言えること、言いたいこと、を自由に述べました。前述したとおり、このビデオ収録が私のホームページに掲載されているので、興味ある諸君は追体験してください。

結　語

　私から述べたいことは以上です。このあと、皆さんから、一人30秒という大きな制約があるもののそれぞれの近況の説明がある、と聞いています。とても楽しみです。

　本日は岡部研究会に在籍経験のあるという点で共通項をもつ諸君が一堂に会する貴重な機会です。卒業生の同期同志で、あるいは先輩や後輩と懇談し、きずなを深める機会にしてほしい。卒業生は、この会合中にぜひ私に話しかけてください。われわれが相互にこのような関係を持てることは、何らかの必然があってのことです。この関係を今後とも大切にしてゆきたいと思います。

　本日の皆さんのご出席、ほんとうにうれしく思います。そしてありがとう。

付3

経　歴

昭和18年	香川県に生まれる
昭和34年	香川県立高松高等学校　入学
昭和36年～37年	アメリカン・フィールド・サービス（AFS）交換留学生として米国コネティカット州コナード・ハイスクールに留学（1年間）
昭和38年	香川県立高松高等学校　卒業
昭和38年	東京大学　入学
昭和39年～40年	サンケイスカラシップ奨学生として米国ウィスコンシン大学マジソン校に留学（1年間）
昭和43年	東京大学　経済学部卒業
昭和43年	日本銀行　入行
昭和46年～48年	米国ペルシルバニア大学　ウオートン・スクール大学院留学（2年間）。MBA（経営学修士）取得
昭和48年～50年	日本銀行　調査局（現調査統計局）
昭和50年～52年	経済企画庁（現内閣府）へ出向（2年間）
昭和53年	日本銀行　ロンドン事務所副参事
昭和55年	日本銀行　総務部（現企画局）主査
昭和57年	日本銀行　調査局（現調査統計局）調査役
昭和60年	日本銀行　金融研究所調査役
昭和61年	日本銀行　金融研究所研究第1課長

平成2年	日本銀行 金融研究所参事
平成2年～3年	米国ペンシルバニア大学 客員講師（経済学部、およびウオートンスクール大学院）
平成3年～4年	米国プリンストン大学 客員講師（ウッドローウイルソンスクール大学院）
平成4年～6年	豪州マックオーリー大学 経済金融学部教授（同大学日本経済研究所長）
平成6年	日本銀行を退職
平成6年～平成19年	慶應義塾大学 総合政策学部教授に就任。大学院政策・メディア研究科委員を兼任
平成12年	慶應義塾大学博士（政策・メディア）を取得
平成19年9月	明治学院大学 国際学部教授

付 4

兼　職（1994年-2007年）[1]

（慶應義塾内）

慶應義塾評議員

慶應義塾創立150年記念事業委員会委員

慶應義塾広報誌「三田評論」編集委員会委員

慶應義塾　大学評議会委員

総合政策学部・環境情報学部・大学院・合同運営委員会委員、学部長補佐

慶應義塾大学　大学院 政策・メディア研究科学習指導委員

慶應義塾大学　大学院 政策・メディア研究科カリキュラム委員会委員

ＳＦＣ研究所運営委員

ＳＦＣ人事委員会委員

ＳＦＣ自己点検評価委員会委員

ＳＦＣ国際交流委員会委員

ＳＦＣ財務委員会委員、委員長

ＳＦＣ図書委員会委員、委員長

ＳＦＣ施設・環境委員会委員

ＳＦＣ学術誌「ＳＦＣジャーナル」企画委員会委員

書籍「総合政策学の最先端」編集委員会委員、編集幹事

書籍「総合政策学」編集委員会委員、編集幹事

---

1) 主なものを抜粋。ただし入学試験関係は記載していない。

文部科学省「21世紀COE研究プログラム」ＳＦＣ事業推進担当者、運営委員

（慶應義塾外）

米国ミネソタ大学カールソン経営大学院客員教授

豪州ニューサウスウエールズ大学客員教授

フランス・エセック経済学商学大学院大学客員教授

英国オックスフォード大学上級客員研究員

オーストラリア国立大学客員研究員

日本証券アナリスト協会検定試験委員

国際証券アナリスト資格制度試験委員

大蔵省（現財務省）財政金融長期国際研修講師

大学基準協会評価委員

藤沢市経済金融問題懇話会委員

Journal of the Asia Pacific Economy 国際諮問委員会委員

付5

著作物（1994年-2007年）

1．著書

（研究書）

[1]『日本企業とM&A──変貌する金融システムとその評価──』、東洋経済新報社、2007年。

[2]『総合政策学──問題発見・解決の手法と実践──』（共編）、慶應義塾大学出版会、2006年。

[3]『総合政策学の最先端Ⅰ──市場・リスク・持続可能性──』（編）、慶應義塾大学出版会、2003年。

[4]『経済予測──新しいパースペクティブ──』、日本評論社、2003年。

[5]『株式持合と日本型経済システム』、慶應義塾大学出版会、2002年。

[6]『環境変化と日本の金融──バブル崩壊・情報技術革新・公共政策──』、日本評論社、1999年。［慶應義塾賞受賞］

[7]『現代金融の基礎理論──資金仲介・決済・市場情報──』、日本評論社、1999年。

[8]『経済動向予測と金利予測』、日本証券アナリスト協会、1998年。

[9]『実践ゼミナール 日本の金融』（共編）、東洋経済新報社、1996年。

[10]『Cross Shareholdings in Japan ─A New Unified Perspective of the Economic System 』, Cheltenham, Glos., UK: Edward Elgar Publishing, 2002.

[11] 『The Structure of the Japanese Economy —Changes on the Domestic and International Fronts—』 (editor), Macmillan Press, 1995.

（研究書以外の書籍）

[12] 『日本経済と私とＳＦＣ――これまでの歩みとメッセージ――』、慶應義塾大学出版会、2007年。

[13] 『私の大学教育論』、慶應義塾大学出版会、2006年。

[14] 『大学生の条件 大学教授の条件』、慶應義塾大学出版会、2002年。

[15] 『大学教育とＳＦＣ』、西田書店、2000年。

[16] 『シドニーから湘南藤沢へ』、西田書店、1996年。

２．研究論文

[17] 「日本企業とM&A（合併および買収）――総合政策学の視点から――」、慶應義塾大学大学院21世紀COEプログラム、総合政策学ワーキングペーパーシリーズ第127号、2007年。

[18] 「総合政策学の確立に向けて（１）：伝統的『政策』から社会プログラムへ」、大江守之・岡部光明・梅垣理郎（編）『総合政策学――問題発見・解決の手法と実践――』慶應義塾大学出版会、2006年。

[19] 「総合政策学の確立に向けて（２）：理論的基礎・研究手法・今後の課題」、大江守之・岡部光明・梅垣理郎（編）『総合政策学――問題発見・解決の手法と実践――』慶應義塾大学出版会、2006年。

[20] 「企業：進化する行動と構造」、浅子和美・篠原総一（編）『入門・日本経済（第３版）』第４章、有斐閣、2006年。

[21] 「日本における企業M&A（合併および買収）の効果――経営の効率

化と安定化に関する実証分析——」（共著）、慶應義塾大学大学院21世紀COEプログラム、総合政策学ワーキングペーパーシリーズ第107号、2006年。

[22]「金利と日本経済——金融の量的緩和政策の評価と展望——」、慶應義塾大学大学院21世紀COEプログラム、総合政策学ワーキングペーパーシリーズ第91号、2006年。

[23]「日本企業：進化する行動と構造——総合政策学の視点から——」、慶應義塾大学大学院21世紀COEプログラム、総合政策学ワーキングペーパーシリーズ第84号、2005年。

[24]「総合政策学の確立に向けて（1）：伝統的「政策」から社会プログラムへ」、慶應義塾大学大学院21世紀COEプログラム、総合政策学ワーキングペーパーシリーズ第76号、2005年。

[25]「総合政策学の確立に向けて（2）：理論的基礎・研究手法・今後の課題」、慶應義塾大学大学院21世紀COEプログラム、総合政策学ワーキングペーパーシリーズ第77号、2005年。

[26]「金融部門の深化と経済発展——多国データを用いた実証分析——」（共著）、慶應義塾大学大学院21世紀COEプログラム、総合政策学ワーキングペーパーシリーズ第69号、2005年。

[27]「日本企業のガバナンス構造と経営効率性：実証研究」（共著）、慶應義塾大学大学院21世紀COEプログラム、総合政策学ワーキングペーパーシリーズ第34号、2004年。

[28]「金融市場の世界的統合と政策運営——総合政策学の視点から——」、慶應義塾大学大学院21世紀COEプログラム、総合政策学ワーキングペーパーシリーズ第9号、2003年。

[29]「金融システムとコーポレート・ガバナンス」、岡部光明（編）『総合

政策学の最先端Ⅰ：市場・リスク・持続可能性』第1章、慶應義塾大学出版会、2003年。

[30]「総合政策学とは何か」（共著）、慶應義塾大学大学院21世紀COEプログラム、総合政策学ワーキングペーパーシリーズ第1号、2003年。

[31]「日本経済の動向と金融システム：政策論の視点から」、慶應義塾大学湘南藤沢学会リサーチメモRM 2002-014、2003年。

[32]「日本企業の資金調達とガバナンス」、『経済セミナー』2003年2月号。

[33]「コーポレート・ガバナンスの研究動向：展望」、慶應義塾大学湘南藤沢学会『ＳＦＣジャーナル』1巻1号、2002年。

[34]「多層化する現代のガバナンス──三つの特徴」、慶應義塾大学湘南藤沢学会『Keio SFC Review』11号、2001年。

[35]「中央銀行の本質と新日本銀行法」、慶應義塾大学湘南藤沢学会リサーチメモRM 2000-003、2000年。

[36]「経済動向予測と金利予測」、慶應義塾大学湘南藤沢学会リサーチメモRM 99-001、1999年。

[37]『コーポレート・ガバナンス：環境変化と日本企業』、総合政策学のフロンティア・シリーズ、慶應義塾大学ＳＦＣ研究所、1997年。

[38]「環境変化と金融政策」、鈴木淑夫・岡部光明（編）『実践ゼミナール・日本の金融』第9章、東洋経済新報社、1996年。

[39]「金融政策の有効性」、館 龍一郎（編）『体系金融辞典』、東洋経済新報社、1994年。

[40] "Toward the Establishment of Policy Management Study (1): From Traditional Policy to Social Programs," Policy and Governance Working Paper Series, No. 125, The 21st Century COE Program, Keio University Graduate School of Media and Governance, Keio

University, 2007.

[41] "Toward the Establishment of Policy Management Study (2): Theoretical Foundation, Research Methods, and Future Challenges," Policy and Governance Working Paper Series, No. 126, The 21st Century COE Program, Keio University Graduate School of Media and Governance, Keio University, 2007.

[42] "The Financial System and Corporate Governance in Japan," *Corporate Ownership & Control* 3 (3), Spring 2006, pp. 27-38.

[43] "The Financial System and Corporate Governance in Japan," Policy and Governance Working Paper Series, No. 17, The 21st Century COE Program, Keio University Graduate School of Media and Governance, Keio University, 2004.

[44] "Are Cross Shareholding of Japanese Corporations Dissolving? Evolution and Implications," Nissan Institute of Japanese Studies Occasional Paper, No. 33, Oxford University, 2001.

[45] "Comment on Ryutaro Komiya's paper 'Declining population, the size of the government and the burden of public debt: some economic policy issues in recent Japan'", Craig Freedman, ed., *Why Did Japan Stumble? Causes and Cures*, Edward Elgar Publishing, 1999.

[46] "The Japanese Economy in Transition: Introduction and Overview," in Mitsuaki Okabe ed., *The Structure of the Japanese Economy*, Macmillan Press, 1995.

[47] "Monetary Policy in Japan: A Perspective on Tools, Transmission Channels and Outcomes," in Mitsuaki Okabe ed., *The Structure of the Japanese Economy*, Macmillan Press, 1995.

3．書評および雑誌論文等

[48]「書評：小佐野広著『コーポレートガバナンスと人的資本：雇用関係からみた企業戦略』日本経済新聞社、2005年」、毎日新聞社『エコノミスト』2005年11月8日号。

[49]「書評：星岳雄、ヒュー・パトリック編、筒井義郎監訳『日本金融システムの危機と変貌』日本経済新聞社、2001年」、金融学会『金融経済研究』20号、2003年10月。

[50]「書評：黒木祥広著『金融政策の有効性』東洋経済新報社、1999年」、『経済セミナー』2000年1月号。

[51]「米国プリンストン大学における学部教育について──その理念・制度的特徴・ＳＦＣへの示唆──」、慶應義塾大学湘南藤沢学会リサーチメモ RM 2004-012、2005年。

[52]「慶応義塾大学ＳＦＣにおける成績評価──相対評価の定着と今後の課題──」、民主教育協会『IDE』405号、1999年2月。

[53]「電子マネーは普及するか」、慶應義塾『三田評論』996号、1997年11月号。

[54]「日本の経済システム（山本和報告へのコメント）」、金融学会『金融経済研究』11号、1997年。

[55]「日銀法の改正と今後の課題」、『バンキング』1997年10月号。

[56]「21世紀における中央銀行の役割」、『金融ジャーナル』1996年2月号。

[57]「決済手段の進歩」、慶應義塾『三田評論』978号、1996年3月号。

[58]「直接投資の自由化、地域主義、グローバリズム（桜井雅夫報告へのコメント）」、『ＳＦＣフォーラムニュース』23号、1996年2月。

[59]「金融自由化と金融機関経営」、『金融ジャーナル』1995年10月号。

4．随筆等

[60]「モーツァルトの秘密」、日本銀行旧友会会報『日の友』394号、2006年7月。

[61]「ＳＦＣの七不思議」、慶應義塾大学ＳＦＣオンラインニュースレター『パンテオン』、2006年4月。

[62]「オーストラリアで学んだＳＦＣ」、孫福弘君追悼文集『こぶし──孫さんのことども──』慶應義塾大学出版会、2005年。

[63]「『総合政策学の最先端』全四巻を一挙に刊行」、慶應義塾『三田評論』1061号、2003年10月号。

[64]「大学教授の三条件」、日本銀行旧友会会報『日の友』383号、2002年1月。

[65]「大学新旧比較私見──オックスフォードとＳＦＣ──」、東京大学経済学部卒業生同窓会誌『経友』151号、2001年10月。

[66]「研究能率を上げる一方法」、慶應義塾大学ＳＦＣニュースレター『パンテオン』11巻1号、2000年4月。

[67]「『問題発見・解決型教育』三つの誤解」、慶應義塾大学ＳＦＣニュースレター『パンテオン』11巻1号、2000年4月。

[68]「大学院と一体化したプロフェッショナル・コースの創設を」、慶應義塾大学湘南藤沢学会『Keio SFC Review』6号、2000年3月。

[69]「最適授業メディア私論」、慶應義塾大学ＳＦＣニュースレター『パンテオン』10巻1号、1999年7月。

[70]「正しさを追求する姿勢」、慶應義塾大学ＳＦＣニュースレター『パンテオン』9巻2号、1999年3月。

[71]「美しさの追求」、慶應義塾大学ＳＦＣニュースレター『パンテオン』

9巻1号、1998年7月。

[72]「ＳＦＣで最も貴重な資源とは」、慶應義塾大学ＳＦＣニュースレター『パンテオン』8巻1号、1997年7月。

[73]「インターネットとフェース・ツウ・フェース」、社会科学国際交流江草基金『斐然10年——江草基金のあゆみ——』、1997年6月。

[74]「新著余瀝『シドニーから湘南藤沢へ』」、慶應義塾『三田評論』987号、1997年1月号。

あとがき

　この冊子は、私が慶應義塾大学を去るに際して行った最終講義（2007年7月4日）の内容を記録したものです。冊子化するにあたって、幾つかの関連する文書および資料も併せて収録しました。

　この最終講義は、慶應義塾大学湘南藤沢キャンパス（SFC）においてこれまでに行われた最終講義と同様、その全部（90分間）が湘南藤沢学会によってビデオ録画され、すでにインターネット上で公開されています。このため誰でもそのビデオ記録を容易に閲覧することができるようになっています（http://gakkai.sfc.keio.ac.jp/lecture/）。

　しかし、あえて冊子として残すことにも多少の意味があると考えました。というのは、最終講義の直後ないし数日後、たいへんありがたいことに予想外に多くの方々から思いがけない感想をいただいたからです。つまり、それらを拝見すると、私が学部学生ならびに大学院生の皆さんに対して（そしてある程度は同僚教員の皆さんに対しても）伝えておきたいと考えたメッセージが好意的に受け取られていると思われたので、臨場感は希薄化するもののそのメッセージを明確に記録しておいても良いのではないか、と考えたからです。

　最終講義に対していただいた感想は、私がここに記載すべき性質のことがらでないかもしれません。しかし、私が伝えようとした幾つかのメッセージを率直に受け取ってくださった証しになると考えられるので、そのうちの幾つかをここに紹介しておきたいと思います。

まず、最終講義は「マクロ経済1」の最終回授業として実施しましたが、その授業を履修した学生からは「先生の授業を受けることができて幸せです。先生とめぐり合うことができて幸せです。」といった趣旨の電子メールを最終講義の直後に何通か受信しました。また、ある学生は帰宅途中のバスの中で私に対して「先生の最終講義を聞いてシャキッとしました」と全く思いがけないかたちで感想を述べてくれるケースもありました。さらに、学期終了後に実施されたマクロ経済1の授業評価においては「授業が分かりやすくてよかったですが、さらに最終授業で先生が話されたことがとても心に残っています」という記述もあり、勇気づけられました。

　そして、大学院生からは「最終講義を聞き身が引き締まる思いでした」、「大学の講義を聞いて涙が出たのは初めてです」、「厳かな気持ちになりました」といった感想メールを多くいただきました。さらに、研究者ないし大学教員への道を歩みはじめている若手研究者の皆さんからも数多くのメールをいただきました。そこでは「今日、先生の素晴らしい講義を拝聴することができ本当に感激しています。とくに、これから教員になろうとする私にとって先生のメッセージはどれも心に深く染み入るものでした」（博士号取得研究員）、「先生のＳＦＣへの想いと大学教育および研究への熱い想いが明確に伝わってきました。正直に大変感銘を受けました」（若手教員）、「ＳＦＣの学生や教員に宛ててくださったメッセージ、重く受け止めました。先生のすばらしい体験をシェアしてくださりありがとうございます。恵まれた環境にいる自分を認識し、襟を正して常に努力を続けようと思いました」（若手教員）、などの気概が記されており、たいへんうれしく思いました。

　そしてその他の同僚教員からは「大変素晴らしい最終講義を聴かせ

ていただき感銘を受けました。永く心に留めたいと存じております」、「先生がＳＦＣの学問・教育のレベルを支えられ、良識と見識を学生のみならず教員に対しても身をもって示され続けられていたのだということを強く感じました」などの思いがけない感想をいただきました。

　一方、私の研究会の卒業生の中には「４年ぶりに聴く機会を得た先生の講義、非常に感銘を受けました。私も先生のような確固とした考えを持って人を育てていけるような人物へと成長をして行きます」（研究会卒業生）という決意を伝えてくれるケースもありました。また、すでに大学教員になっているある卒業生からもらったメールでは「最終講義を当日お聴きすることはできませんでしたが、その後にウェブ掲載されている最終講義を拝見しました。学生時代から思っていたのですが、先生の講義の一番の魅力は先生がとても講義を楽しんでおり、そのことが聴き手に伝わってくる点にあることを今回も確信することができました。私も講義中、真似させていただいていますが、最終講義を拝見してまだ精進が必要だと反省しました」という述懐もありました。

　さらに私たち教員を日々支えてくださっている事務スタッフの中には「心に深く響いてくる言葉が多々ありました。悩んで行き詰った時、また道を決めて進まなければいけない時など人生の節目で先生の講義を思い出し、行動する勇気が湧いてきました」との感想を寄せてくださる方もいました。

　私が最終講義で伝えたかったメッセージは幾つかありますが、最も基本的なことは「人はいつになっても成長できる」という私の認識と確信です。そのことを理解してくださり、このように多くの方々がわ

ざわざ感想を寄せてくださるのは、何とありがたいことかと深く感謝しています。

　本書の出版に際しては、慶應義塾大学出版会の田谷良一社長ならびに小磯勝人出版課長から従来と同様、暖かいご配慮と貴重なアドバイスをいただきました。そして奥田詠二氏は、手際よい書籍制作作業により本書の早期刊行を可能にしてくださいました。お礼を申し上げます。

　2007年9月

明治学院大学　横浜校舎にて
岡部光明

著者紹介

岡部 光明（おかべ みつあき）

明治学院大学 国際学部教授。博士（政策・メディア）。

日本経済と私とSFC
——これまでの歩みとメッセージ

2007年10月25日　初版第1刷発行

著者／発行者 ── 岡部光明
制作・発売 ── 慶應義塾大学出版会株式会社
　　　　　　　郵便番号　108-8346　東京都港区三田2-19-30
　　　　　　　TEL〔編集部〕03-3451-0931
　　　　　　　　〔営業部〕03-3451-3584〈ご注文〉
　　　　　　　　　〃　　　03-3451-6926
　　　　　　　FAX〔営業部〕03-3451-3122
　　　　　　　振替　00190-8-155497
　　　　　　　http://www.keio-up.co.jp/
装丁 ──── 岡部美智子
印刷・製本 ── 株式会社太平印刷社

© 2007 Mitsuaki Okabe
Printed in Japan　ISBN 978-4-7664-1446-2